JN139868

読みなおす日本史

朝倉氏と戦国村一乗谷

松原信之

吉川弘文館

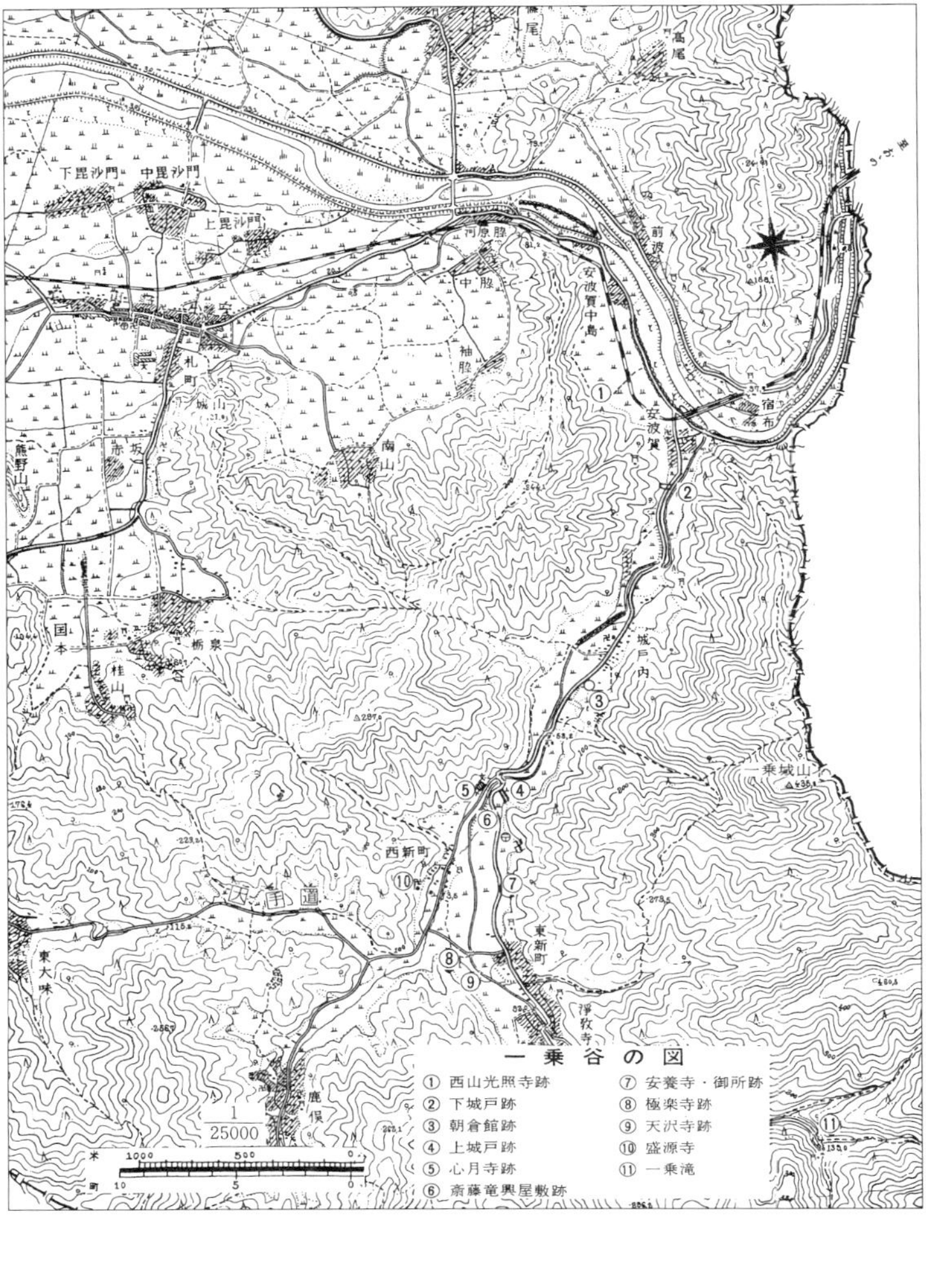
一乗谷の図
① 西山光照寺跡
② 下城戸跡
③ 朝倉館跡
④ 上城戸跡
⑤ 心月寺跡
⑥ 斎藤竜興屋敷跡
⑦ 安養寺・御所跡
⑧ 極楽寺跡
⑨ 天沢寺跡
⑩ 盛源寺
⑪ 一乗滝
1/25000
米 1000 500 0
町 10 5 0
下毘沙門
中毘沙門
上毘沙門
安波賀中島
安波賀
城戸内
一乗城山
西新町
東新町
大手道
南山
赤坂
熊野山
国本
桂山
栃泉
東大味
鹿俣
宿布
前波
高尾
札町
城山
浄教寺

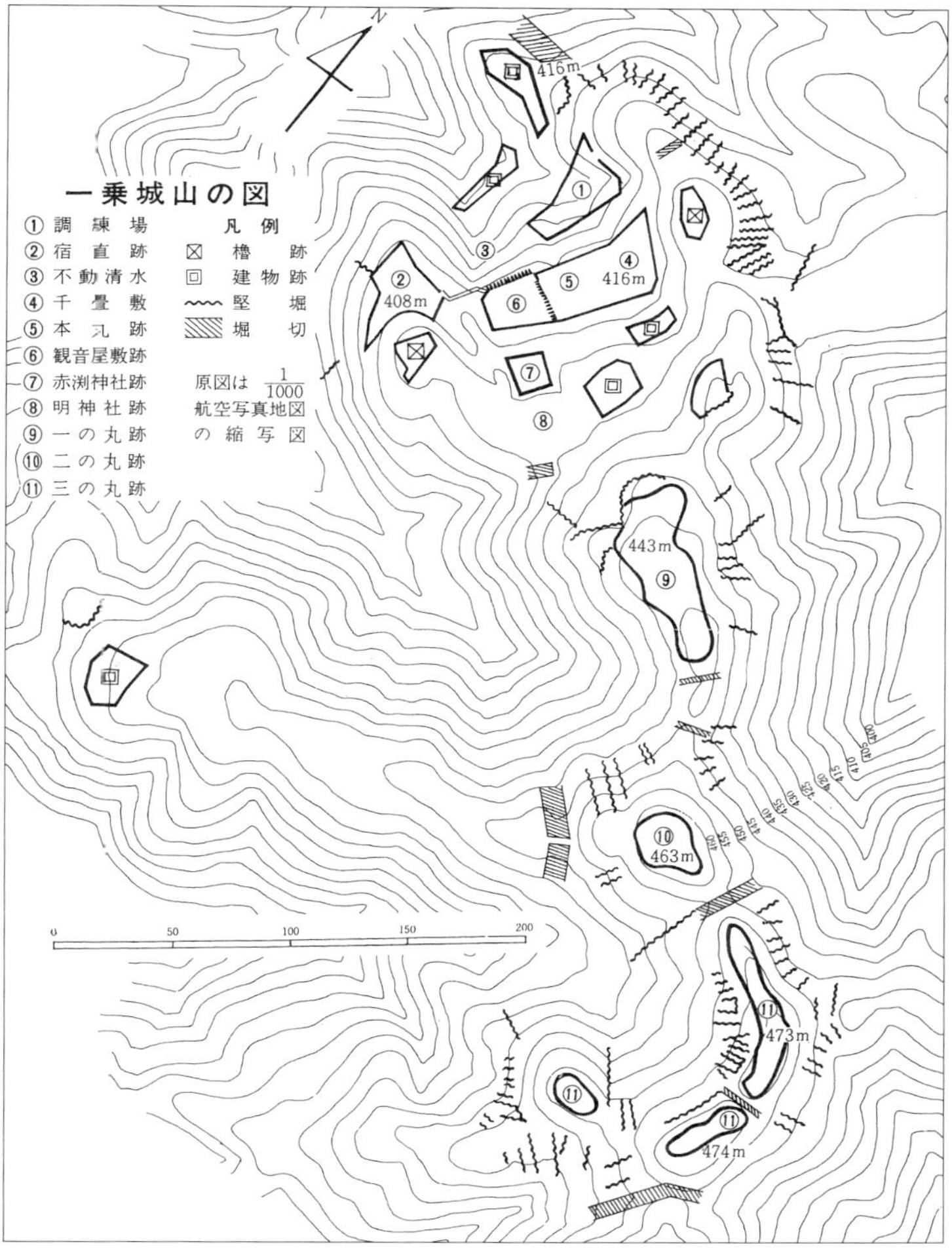
一乗城山の図
①調練場
②宿直跡
③不動清水
④千畳敷
⑤本丸跡
⑥観音屋敷跡
⑦赤渕神社跡
⑧明神社跡
⑨一の丸跡
⑩二の丸跡
⑪三の丸跡
凡例
櫓跡
建物跡
堅堀
堀切
原図は 1/1000 航空写真地図の縮写図
N
416m
408m
416m
443m
463m
473m
474m
0 50 100 150 200

朝倉時代越前国略地図

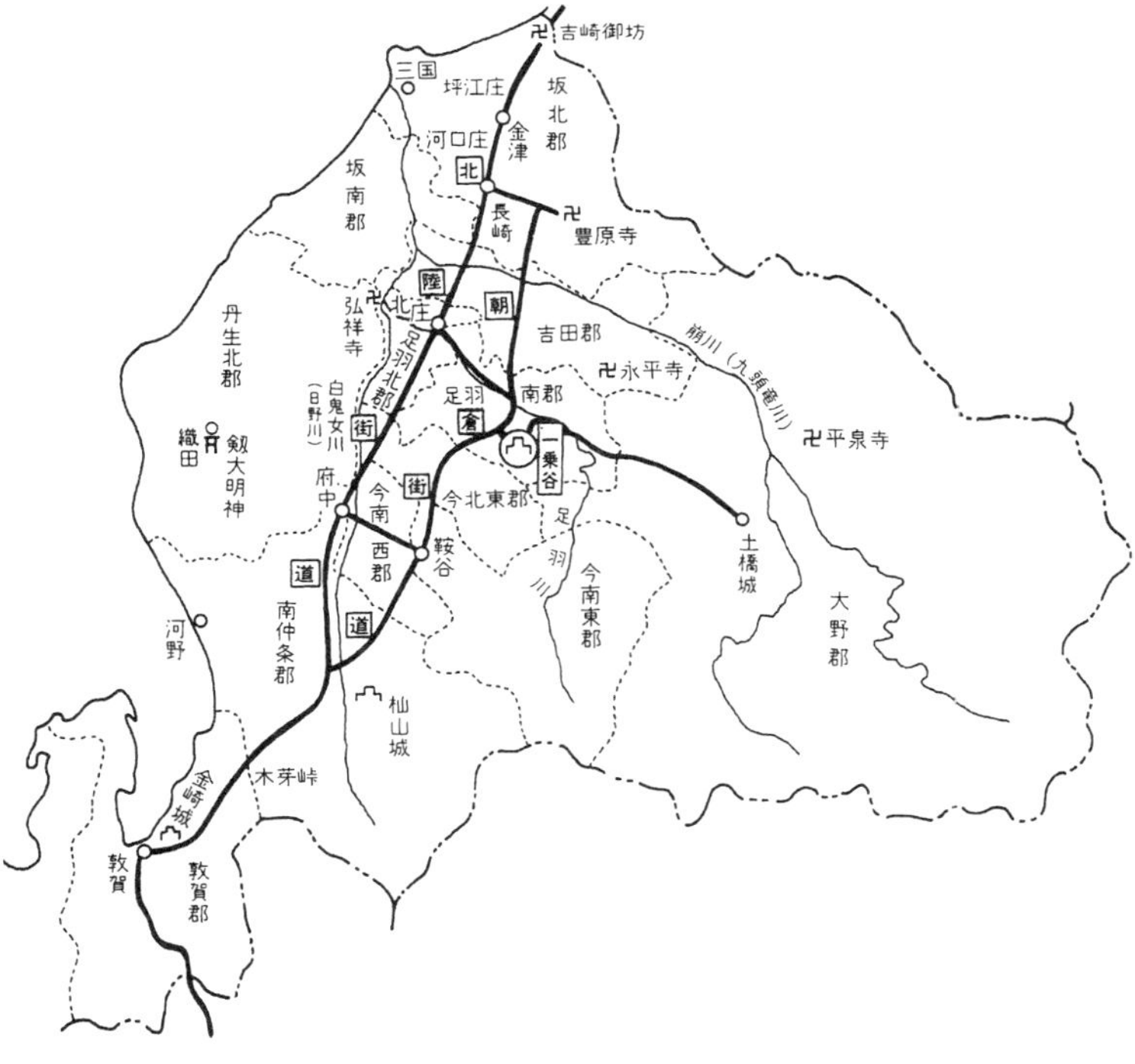
吉崎御坊
三国
坪江庄
坂北郡
金津
河口庄
北
長崎
豊原寺
坂南郡
陸
朝
弘祥寺
北庄
足羽北郡
吉田郡
丹生北郡
永平寺
崩川（九頭竜川）
平泉寺
足羽
南郡
倉
白鬼女川（日野川）
街
一乗谷
織田
剱大明神
府中
今南
今北東郡
土橋城
足羽川
今南西郡
鞍谷
今南東郡
道
大野郡
南仲条郡
河野
杣山城
木芽峠
金崎城
敦賀
敦賀郡

目　次

Ⅱ　戦国大名朝倉氏

序

戦国大名とその領国制の成立は、日本史上で最も興趣深く魅力多い問題の一つであろう。殊に地域史研究の立場より観ると、多くの地方ではこの時期を迎えて、具体的にしかもかなり詳細に歴史展開の実相が調査もでき把握も可能となり、またそれが政権統一から近世幕藩体制確立への過程に関与していく事実を認識もされるのである。ただに政治に限らず社会経済や文化の諸問題についても、類似の繫りを考えられるのである。

朝倉氏は管領家斯波氏の重臣層の一人として、越前において勢力を扶植してきたが、英林孝景の時代に応仁文明の乱を契機に、一乗谷を根拠に守護としての地歩を踏み出した。氏景・貞景・宗淳孝景と相続し、甲斐・二宮氏等の対抗勢力を漸次に駆逐し、一向一揆の脅威を排除して、戦国大名として越前一国の支配を成就させた。

越前は近江・若狭を隔てて京に接続し、北陸へ通ずる京の関門に当たる。京を中心とする幕政や将軍の動向も鋭敏に連動する。同様な環境に位置する近江の京極・浅井氏、また多くはこれらを通して美濃の土岐・斎藤氏、さらに若狭の武田氏等の動きも、朝倉氏に対して密接な関係がある。

英林孝景以来の朝倉氏領国制の進展を見るに、器用忠節なる人材登用や一乗谷への大身層被官の集住政策など、新しい方向として史家の注目するものも少なくない。特に文化においては、宗淳孝景時代を頂点に、公家・僧侶・芸能人等の文化知識人の下向滞留も多く、しかも英林孝景壁書にも見えるごとく、地許における主体的文化の振興を計る方向さえ打ち出され、また医書の版行や絵画においての曽我派の興隆、兵書の研究、儒教精神の尊重など特色を発揮している。

将軍権威の失墜とそれを取り巻く勢力の隆替がはなはだしく、尾張より起こった織田信長が入洛して天下統一の序幕が切って落される。信長は、もと斯波氏の重臣層としてほぼ朝倉氏と桔抗した家格であった織田氏の、しかもその支流の出身である。越前を地盤とする朝倉氏と尾張を根拠とした信長は、戦国大名としていくつかの通有した条件を具えていたと考えてよい。足利義秋（義昭）は信長に先んじて、義景を頼んだのである。しかも義景は信長との角逐に敗亡し去った。朝倉氏とその領国制において、どのような条件が欠けていたのであろうか。

著者松原信之君は年来朝倉氏の研究を続けて多くの成果をあげている。例えば英林孝景壁書（敏景十七ヵ条）、一乗谷城館築営、黒丸城の問題などに新見解を提示している。本書は、これらの研究をふまえて、朝倉氏の歴史を平易に述べたものといえよう。近年一乗谷では城館寺院等の遺跡の発掘整備が進められて、稀有な戦国期の史跡として有名となっている。松原君の朝倉氏研究が、本書述作を機会に、さらに深く広く進められることを期待したい。

昭和五十三年三月

小葉田　淳
（京都大学名誉教授・文学博士）

まえがき

私がはじめて一乗谷に関心を寄せたのは、大学卒業後、高志高校に奉職した昭和三十年代前半頃であった。一乗谷は高志高校にとって校区のような地域でもあったから、毎年その近辺から、高志高校へ通学する生徒も多かったし、何よりも社会科研究クラブの顧問となってからは、毎年何回も生徒を引率して自転車で調査に出かけたものであった。当時の一乗谷は、現在と比べると実に隔世の感がある。訪れる人も無く、寂寞とした山谷の土中にわずかに顔を出した庭石や崩れた土塁、方々に散在する石仏群などはまさしく〝つわものどもの夢の跡〟であった。

当時、私は近世城下町の研究を続けていたので、その源流とも云うべき中世末期の一乗谷を復原することも一目的としていたが、これと同時に、一乗谷を居城とした朝倉氏の興亡をも研究したいと志したのである。昭和三十年代の後半は、もっぱら朝倉時代の文書記録等を集めるべく、バイクで飛び廻わった私にとって最も想い出深い、また最も意欲に満ちた年代であった。そしてこれらの史料を基にして、いよ〳〵まとめ始めようとした折しも、昭和四十二年から文化庁の指導のもとに、足羽町（現福井市）による一乗谷の発掘調査が始められ、続いて昭和四十六年には国の特別史跡の指定を受け、この地が全国的に脚光を浴びるようになってきた。遅々たるものではあったが、それまでの私の史料調査が何んと機を得たと云うべきであろうか。

昭和四十七年は朝倉義景四百年忌に相当するため、朝倉氏菩提寺の心月寺住職から依頼を受けて『越前朝倉氏と心月寺』を執筆刊行した。また私共の同人雑誌『福井県地域史研究』にも毎年一篇ずつ朝倉氏に関する研究を発表してきた。この間、着々と明らかにされる一乗谷の発掘成果は実に目を見張るものがあった。またこの書を草するに当たって、特に大きな喜びは、『戦国武士と文芸の研究』（桜楓社刊）の著者、米原正義先生（国学院大学助教授）に知己を得たことであった。地方に在って中央の史料の蒐集に限界のある私にとって、まさに垂涎とも云うべき史料の紹介を受けたり、また懇切な御指導も受けることができた。四、五年前の或る夏の一夜、拙宅に宿された先生と夜のふけるのも忘れて御高説を承ったのも私の想い出の一つとなった。この機を借りて厚く感謝したい。

さて、福井県郷土新書第四集として、朝倉氏に関する著作の依頼を受けたのは、もう四、五年も以前のことであったろうか。それなのに現在までに遅延してしまったと云うことは、表面の理由としては多忙に取り紛れたと云うべきであろうが、何よりも執筆に自信がなかったからである。つまり、未調査・未研究が多かったからであった。すでに述べたように、この間少しずつ論稿を発表してきたのもこのためであった。しかし、これには際限がない。福井県立図書館長鈴木亨雄氏を始め、図書館員各位の暖かい督励もあって、一昨年の暮から執筆にかかり昨秋ようやく脱稿した。この蔭には、公私共々に多忙であった私のために、下書の浄書一切を引き請けてくれた教え子の福井大学教育学部学生、大原陵路・大久保圭市両君の協力も忘れることはできない。

当叢書の執筆条件とも云うべきものは、高校生程度でも読めるものということになっている。このようなことを念頭に置いて執筆していながら、結果は多分に難解な文章になってしまったように思う。つまり正確な史実を、しかもできるだけ多くという焦慮だけが先行してしまったからであろう。また朝倉氏全体像の描写を志しながら、朝倉家臣団のことや行政・民政の面で十分に意を尽くせなかった。これは紙数の制限もあったからではあるが、やはり史料不足と研究未熟が大きな原因であった。さらに一乗谷の発掘成果については、当然のことながら、まったく『朝倉遺跡研究所発掘調査報告書』に頼らざるを得ない。研究所長の河原純之氏からは、論旨を心よく引用させて頂けたことを始め、この項を草するに当たって、陰陽に大きなお世話になったことを付記して謝意に代えたい。

最後に、私にとって望外の喜びと云うべきことは、私が学生時代から敬慕し、何かにつけて常に御指導と御鞭撻を賜わってきた京都大学名誉教授・文学博士、小葉田淳先生が序文をもって花を添えて下さったことで、私にとって身に余る光栄である。先生の御厚意に深く感謝すると共に、これからの私への励ましの言葉として肝に銘じてさらに一層の精進を続けていきたいと思う。

昭和五十三年三月

松　原　信　之

Ⅰ　斯波氏家臣時代の朝倉氏

1　但馬国時代の朝倉氏

朝倉氏の先祖については三説がある。①景行天皇説、②孝徳天皇説、③開化天皇説である。景行天皇の苗裔《びょうえい》、日本将軍の後胤《こういん》とする説は、『賀越闘諍記《がえつとうじょうき》』や『越州軍記《えつしゅうぐんき》』などの記述するところで、『朝倉家録』では、朝倉氏の代々が〝景〟を用いるのはこのためだという、もっともらしいこじつけさえしている。

次に、孝徳天皇―表米《うわよね》親王を祖とする説は、『朝倉始末記』『朝倉（日下部《くさかべ》）系図』などで、現在最も一般的な説となっている。すなわち同系図によると、人皇三十七代孝徳天皇の皇子、表米親王が三歳の時、母君の胸をたたいたため、悪王だとして但馬国（京都府）朝来《あさこ》郡に流された。お供の官人が母君への不孝をゆるしてもらうため、その在所の正一位十二侯粟鹿《あわが》大明神に日参し、神より「日本の惣大将を賜わって二度帰洛があるであろう」との神告を受けた。その後、異国から我国へ賊徒が攻めて来たが、天照大神の御託宣によって表米親王が異賊退治の惣大将に選ばれた。大化三年（六四七）

二月十四日上洛し、天皇から宝剣などを下賜されて、同十八日丹後国与謝《よさ》郡白糸浜から出船した。賊徒は一旦海上へ退いたが、再び襲いかかり、大風を起した。親王の船はまさに沈まんとした時、粟鹿大明神が守護神として現われ、同時に数多の大鮑《あわび》が浮び出て筏《いかだ》の如く親王方の船々を固めて賊船に立ち向った。そしてついに賊徒を平らげたと云うのである。朝倉氏が代々鮑を食さない風習は、このように先祖が鮑に助けられたという伝説によるものである。表米親王の子孫が日下部氏となり、さらに朝倉氏が分れていった。

しかし、この孝徳天皇説に対して、『朝倉家系考』(『朝倉叢書』所収)では、表米親王とは用明天皇の第三皇子来目《くめ》皇子のことで、また来米皇子とも書き、これを見誤まって表米親王としたもので、来目皇子には新羅《しらぎ》征討の史伝もあるという。そして朝倉氏の祖先こそ開化天皇の皇子、彦坐命《ひこいますのみこと》だとする。『姓氏録』には彦坐命の子孫が日下部氏となっており、朝倉氏の祖先神を祭る粟鹿《あわが》大明神も赤渕《あかぶち》大明神も祭神は彦坐命だと云う。いずれにしても、朝倉氏の祖先は、但馬国に永住して、代々朝倉郡や養父《やぶ》郡の大領や少領・貫首などを勤めた豪族であったに違いない。

平安時代の末、朝倉余三大夫宗高に至って、初めて朝倉の苗字を用いるようになった。その子が太郎大夫高清である。『朝倉系図』によれば、高清には次のような伝説がある。高清は平家の一味であったため所領を没収されて隠れ住んでいた。その頃、関東に一匹の白猪《いのしし》がおり、長さ七尺余りだが、身を縮めると小鼠の如くで、天を飛び、万民を悩ましたが、なかなか退治できなかった。源頼朝は博士に占わせたところ、西国武士で異相の人物があって、これが白猪を退治できる唯一の人物だと占った。そして高清が尋ね出された。高清は身長六尺余、色黒く五体は毛深く熊皮を衣としていた。関東に召出されて白猪の退治を仰付かった高清は、三十七日間の暇をもらって一旦、但馬に帰った。関東から但馬まで二十日余りかかる行程を七日で着いた。そして養父《やぶ》大明神に十七日間参籠《さんろう》し、その願明けの暁、一本の鏑矢《かぶらや》を得て、これでもって関東に下り化物を退治した。この功績によって赦免され、木瓜《もっこ》二つを加えて三木瓜《みつもっこ》の紋を頼朝から定めてもらって帰国した。ところが住国の日下部一族が、これをねたんで建久六年（一一九五）五月二十三日、高清を闇討にしようとしたが、その時鏑矢が光を発して待伏の者をすべて討ち果した。これによって鏑矢を続松《ついまつ》と名付けたというのである。

　高清には七人の子があって、長子は奈佐太郎知高の養子となり、次子高景（安高とも云う）が朝倉にあって朝倉氏を継いだ。三子重清は八木氏の祖、第四子高房は宿南城主、第五子清景は田公氏の祖、第六子保高は山邑城主、第七子高時は松田八郎右衛門と称して松田氏の祖となった。このように高清の一族は但馬一円に繁栄した。高清は建保元年（一二一三）二月十五日、七十八歳で没した。妙楽寺殿前但州太守鏑矢景雲大居士と云う（『八木家御系譜』）。

　その後、高清の七代目広景、その子正景（高景）が、南北朝時代、北朝方足利氏に属して、延元元年（一三三六）但馬から越前に移った。しかしこの頃、但馬にも北朝方に属する別家の朝倉氏が残っていた。『東寺文書』の建武三年（南朝延元元年）七月十二日付の足利尊氏に対する勲功の申文に「朝倉孫太郎日下部重方申云々」とある。『朝倉系譜』では「左衛門尉《じょう》茂秀―孫太郎宗直―孫右衛門尉広景―孫次郎正景」となっているから、先の孫太郎重方は案外、孫太郎宗直の孫に当たるかも知れない。広景も幼名を孫次郎とすれば、広景の時に朝倉孫太郎家から、孫次郎を通称とするいわゆる孫次郎家が分立して、越前に移ったと考えるのはどうであろうか。広景・正景の子孫、すなわち越前朝倉氏の嫡子がほとんど代々孫次郎を襲名しているのもこのためであろう。

2　朝倉広景・同高景

越前朝倉氏の祖は広景《ひろかげ》である。元弘の変で足利高氏が後醍醐天皇から勅命を受けて義兵を揚げ、丹波国篠村（京都府）に着陣した時、広景・正景父子は高氏の幕下に馳せ参じた。建武の中興が破れて、南北朝の争乱が起ると、朝倉氏は足利氏の支族、斯波高経《しばたかつね》の下に配属されて、越前に移り、一条家の荘園、足羽北庄（現福井市）の代官職を宛行《あてが》われ、斯波氏の根拠地である黒丸館を預けられたと云う。これによって広景を黒丸右衛門入道と呼んだ。康永元年（一三四二）安居《あこ》に弘祥寺《こうしょうじ》を建立し、貞和三年（一三四七）には北庄神明社を造営した。美作守と云う官職を得て、文和元年（一三五二）二月廿九日九十八歳で死去し、法号を空海覚性といった。『朝倉叢書』には「広景遺訓」と称する七十七ヵ条を伝えているが、内容的には信頼できない。以上が『朝倉家記』など一般に『朝倉始末記』の述べる広景の事蹟である。

ところが、『朝倉軍談』ではこの広景を記さず、篠村の足利高氏に馳せ参じたのはその子正景（高景）となっている。そして所々の合戦に勲功を立て延文二年（一三五七）足羽北庄の預所職《あずかりどころしき》を宛行《あてが》われている。

　　高氏将軍御判

　下　朝倉遠江守高景

可㆑令㆔早領㆓知越前国足羽北庄預所職㆒之事

右為㆓勲功之賞㆒所㆓宛行㆒也。者早守㆓先例㆒可㆑致㆓沙汰㆒之状如㆑件

　延文弐年十二月二日

（『朝倉家記』所収文書）

また安居に弘祥寺を創建したのも正景であった。『東海一漚別集』の中の「洞春菴別源禅師定光塔銘」（別源円旨は弘祥寺の開山）の中に康永元年、朝倉金吾《きんご》（正景）が弘祥寺を開創したことが銘記されている。『太平記』の中で斯波高経方として活躍した部将の中に朝倉下野守の名が見えるが、これも朝倉正景（高景）のことであろう。

それでは広景は架空の人物だったのだろうか。しかし『春沢録』所収の「朝倉前美作守左金吾空海覚性大禅定門二百年忌拈香《ねんこう》」によれば、天文二十年（一五五一）二月二十九日に朝倉広景の二百年忌が朝倉氏によって行なわれているから、実在したことは事実であり、年齢は別としてもその寂《じゃく》年月日

は一致する。恐らく広景・正景父子が越前に入国し、広景は老年であったから、越前における朝倉氏の活躍はすべて正景によるものであったけれども、広景を越前朝倉氏の開祖とするために、正景の事蹟を広景に仮託して広景の存在を高揚したものであろう。

正景は幼名を孫次郎・彦三郎、後に孫右衛門と称し弾正左衛門または遠江守に任官している。『東海一漚別集』の中の「朝倉徳岩居士《とくがんこじ》（正景）小祥忌拈香《しょうしょうきねんこう》」によれば、応安五年（一三七二）五月二十日、五十九歳で死没しており、遠江守に任官し、兵力は破竹の如くで、彼の姪や弟は勿論のこと、越前国の民人《たみびと》までも我子の如く生育したと云う。安居の弘祥寺を開創し、京都の東山建仁寺に洞春院をも建てたと、これには記録されている。

南北朝の争乱も、年を経るに従って複雑な様相を呈し、足利方武将が一時、宮方に転じて足利方に対して謀叛《むほん》を起す場合もしばしば見られた。足利尊氏の庶子《しょし》、直冬《ただふゆ》が父に叛《そむ》いて南朝宮方に転ずると、越前国の守護であった斯波高経も文和三年（一三五四）十二月、直冬党に味方して幕府に叛旗《はんき》をひるがえした。しかし朝倉正景は高経には味方せず、幕府の武将として奮戦した。すなわち、翌四年三月十三日には、京都の東寺に楯籠《たてこも》る直冬方の軍勢を破って大いに手柄をたてた。そして将軍尊氏より、前名の〝高氏〟の二字を朝倉父子に賜わって、正景を高景と改め、その子には氏景と名乗ることを許された。

文和五年（延文元年）正月、斯波高経は幕府に帰服したので、越前守護職は再び高経に安堵《あんど》されたらしい。この叛乱鎮圧に軍功のあった朝倉高景（正景）に対して、先にも述べたように、翌延文二年には将軍足利尊氏より直接御教書が下附されて足羽北庄の預所職が宛行われたのである。

彼は北庄を本拠地として、南都興福寺の庄園、坂井郡河口庄にまで、手を延ばした。「御挙状幷御書等執筆引付」（大日本史料）によれば、延文五年（一三六〇）河口庄に濫妨《らんぼう》（乱暴）したことが見え、また貞治元年（一三六二）にも河口庄大口郷公文職《おおぐちのごうくもんしき》をも押妨《おうぼう》（横領）していたことが知られる。このため、興福寺別当の公憲が越前守護の斯波高経に訴えたが、その高経もみずから河口庄など庄園を公然と押領する有様であったから、南都興福寺もついに貞治三年（一三六四）十二月二十日、春日神木《かすがしんぼく》を押立てて入洛し朝廷に強訴《ごうそ》する事態に至った。この様な興福寺を筆頭とする荘園本所の強い圧力と、佐々木道誉以下の反斯波派諸将との画策とによって、貞治五年（一三六六）八月八日斯波高経はにわかに失脚した。そして高経を始め義将・義種・義高ら斯波一族は越前に下り、杣山《そまやま》城に立て籠《こも》った。

これに対して在国の朝倉高景は再び反斯波態勢を固め、将軍義詮《よしあきら》から斯波誅伐《ちゆうばつ》についての御内書を下附されている。斯波高経の失脚後は畠山尾張守義深が越前国守護に任ぜられ、土岐・佐々木・赤松などの諸将を率いて斯波誅伐軍として入国している。当国に在って斯波誅伐に勲功のあった朝倉高景に対しては、同年十一月越前国内七ヵ所の地頭職が宛行われた。

中将軍（足利義詮）御判

下　朝倉遠江守法師　法名宗祐

可レ令三早領二知越前国宇坂庄・棗庄・東郷庄・坂南本郷・河南下郷・木部嶋・中野郷地頭職一
之事

右為二勲功賞一宛行也、者早守二先例一可二沙汰一之状如レ件、

貞治五年十一月六日　（『朝倉家記』）

ここで、朝倉高景に地頭職の宛行われた七ヵ所の庄園について註記する。

宇坂《うさか》庄は足羽郡に属し、鎌倉時代以来近衛家の庄園であった。慶長十一年（一六〇六）頃の『越前国絵図』（松平文庫蔵）によれば、北宇坂上・中・下郷、南宇坂上・中・下郷の六郷に分かれ、総石高は六千六百九拾四石余を数える。現在の足羽郡美山町の地域に当たる。

棗《なつめ》庄は坂井郡の旧棗村（後に川西町となり、現在福井市に併合）に当たる。『城跡考』によれば、深坂村に朝倉山城跡（朝倉玄蕃助景連）と石畠村に棗左京亮《すけ》屋敷跡がある。

東郷庄は足羽郡旧東郷村（現在福井市）の地域で、三代氏景の次男正景が東郷庄を預けられて、その庄官となり、東郷下野守と称している。

坂南本郷は、坂井郡旧本郷村（後に川西町となり、現在福井市に併合）の地で、鎌倉時代その半ばが山城国石清水八幡宮《いわしみずはちまんぐう》の神領となった。十五世紀前期、この地に本郷竜興寺《りゅうこうじ》が創建され、朝倉氏の祈願所となったが、天正二年（一五七四）の一向一揆の放火のため廃寺となった。

河南下郷は九頭竜川の左岸、大安寺から下流の旧鶉《うずら》村地域と思われる。

木部嶋は、坂井郡旧木部村、現在坂井町島に当たる。慶長十一年の『越前国絵図』には坂南郡上木部之庄内にある。木部嶋の東の清永には朝倉の家臣、伊勢帯刀《たてわき》の館跡があり、西の木部新保には朝倉高景の子、向駿河守久景の館跡がある。

中野郷は、吉田郡藤島庄内中野郷か。

斯波氏の越前籠城は、翌年七月、高経が杣山に死没したことによって終りを告げ、その子義将は将軍義詮に哀訴してその罪はゆるされた。

朝倉高景の庄園侵略は、北方の河口庄大口郷のみにとどまらず、東は大野郡泉庄・小山庄（奈良春日社領）や、南は今南西郡（今立郡）の仁和《にんな》寺領真柄郷にまで及んだことが史料に残っている。以上のように、越前朝倉氏の基礎を確立した、二代高景は、足利将軍家と越前国守護斯波氏との対立の場合、常に将軍直臣との意識のもとに、将軍家側について行動したので、その後、斯波氏の老臣となりながらも斯波氏からは常に冷淡視され、このため守護代にも任ぜられなかったのであろう。高景の法名は高名院殿徳厳宗祐。

広景の嫡男は中野氏で、愚谷と号し、小太郎・能登守を称した。高景は広景の次男であって、孫次郎・孫右衛門を称しており、以後、朝倉家の嗣子《しし》が代々、孫次郎または孫右衛門を称するのは、この高景に由来するのではないだろうか。三男は松尾孫三郎である。松尾氏は坂井郡上関の島田館（現坂井町）に代々在館した豪族で、『言継卿記《ときつぐきょう》』の元亀二年（一五七一）八月八日条によれば、朝倉兵部少輔と称したらしい。朝倉氏滅亡後は、松平家に仕官し、上水奉行をも勤めた家柄である。余談だが、二・二六事件（昭和十一年）で岡田啓介の身代わりとなった松尾伝蔵はこの子孫である。

3　朝倉氏景・同貞景

畠山氏の越前守護は約十五年続いたが、永徳元年（一三八一）頃から越前守護職は再び斯波義将の手に移った。この頃、朝倉氏は既に高景が応安五年（一三七二）に死没しているので、その子氏景の時代であった。

氏景は孫次郎・孫右衛門尉・美作守を称し、応永十一年（一四〇四）十二月廿八日、六十六歳で死没している。法名は大功勝勲、後改めて宗勲。彼の事蹟は既に父高景の項で記述したように、文和四年、京都東寺において父と共に奮戦して、始めて氏景の名を将軍より賜わったという。称念寺本『朝倉系図』によれば、〝白城土合戦〟すなわち日野河原の白鬼女合戦で敵の牧野修理亮の鑓《やり》を歯で噛み留めて、その首をはねたと云う。また応永六年（一三九九）堺に挙兵した大内義弘の反乱（応永の乱）の際、足利義満の命を奉じて、摂津国中之島（現大阪市）で合戦をして勲功を上げ、将軍義満から「大功」の号を賜わった。

氏景には三人の舎弟があり、それぞれ阿波賀《あわが》・向《むかい》・三段崎《みたざき》を苗字としている。これについて『朝倉家記』では次の如く伝えている。

舎弟三人有。阿波賀但馬守茂景《もちかげ》・向駿河守久景・三反崎《みたざき》弼景《たねかげ》と云。茂景は阿波賀に居館する故、三反崎是を阿波賀と呼。久景は其向に居館する故、向と称し、弼景は田三反を隔て居館する故、三反崎弾正忠と号。いずれも子孫相続也。

阿波賀は一乗谷の下城戸外にある在地名で、阿波賀をも含めた一乗谷が南宇坂庄下郷の一部であることから、貞治五年朝倉高景が既に宇坂庄の地頭職を宛行われていたことによってここに在館していたものであろう。永享九年（一四三七）頃の「越前河口庄十郷の諸職人」（『大乗院寺社雑事記』）の中に大口郷政所職人《まんどころしきにん》として〝朝倉阿波賀〟が見えている。貞治年中、朝倉高景の押妨した大口郷が、この頃高景の次子、阿波賀氏によってその政所職が保有されていたことを知ることができ、さらに文正元年（一四六六）には大口郷政所職の他、同じく本庄郷の政所職をも兼併しており、阿波賀氏が河口庄まで広く勢力を延ばしていた様子を知ることができる。

向氏は、坂井郡木部新保（現坂井町）に館跡があった。三段崎氏は、後に安指が医者であった谷野一栢の養子となるに至って、玉雲軒と改め、以後医薬を業とした。

四代貞景は又太郎、後に孫右衛門尉・下野守を称し、永享八年（一四三六）五月十六日死没したが、治世についてはあまり伝わらない。

貞景の次弟、正景は一条家の東郷庄を預けられてその代官となり、東郷下野守と称した。三弟の景康も同じく東郷庄内の中嶋に居館したらしく、中嶋周防守を称した。この子孫は現在も連綿と続いている。

4 朝倉教景・同家景（教景・為景）

五代教景は、小太郎・孫右衛門・美作守を称した。寛正四年（一四六三）七月十九日、八十四歳で死没し、法名を大円院殿心月寺宗覚大居士という。教景についての明確な史料も文書も残っていないが、明治三十年十月に帝国大学史料編纂委員が菩提寺の心月寺の史料を調査した時、長禄元年（一四五七）十一月三日の朝倉美作証状以下三十六通の古文書のあったことがわかっており、朝倉美作とはこの朝倉教景のことであろう。残念なことに、これらの文書はすべて明治三十三年四月の橋南大火に心月寺と共に焼失してしまって、現在ではこれを確かめるすべがない。しかしながら、朝倉氏中興の英主、孝景（英林）が父を早く亡くしたため、祖父の教景の外護のもとに成長したらしく、孝景は祖父教景のために、死後、心月寺を創建している。

永享九年（一四三七）正月十八日、幕府はその命に服しない大和の国人、越智維通《おちつなみち》を鎮撫するため、諸将に対して出陣を命じたので、朝倉教景は斯波氏の軍勢を率いて出陣した。『朝倉系図』に、「永享九年正月十七日大和陣」とあるのがこれである。鎌倉公方《かまくらくぼう》の足利持氏《もちうじ》は将軍義持に対して、絶えず反抗の意志を示していたが、永享十年（一四三八）関東管領《かんれい》上杉憲実《のりざね》との対立を絶好のチャンスとして、幕府はついに持氏追討の軍勢を鎌倉に向けた。翌年、美濃の土岐や越前斯波氏の軍勢（朝倉教景を将とする軍勢か）が加わることによって戦況は幕府側に有利に展開し、永享十一年二月十日、持氏は自害し、足利基氏《もとうじ》以来の関東府は滅亡した（永享の乱）。

その後、持氏の遺子、春王・安王は嘉吉元年（一四四一）下総の結城氏朝に擁立されて幕府に叛旗を翻《ひるが》えした。しかし結城城も半年がかりでようやく落城し、春王・安王は京都への護送中、美濃国の垂井で斬られた。この結城城攻撃にも朝倉教景が出陣している。

教景の弟に京景と朝侍者（霊雲庵開基）がいる。京景は後に頼景《よりかげ》と改め、北庄遠江守と称した。後にも述べることだが、代々北庄に在館した朝倉氏は教景の頃、一乗谷に居城を移したらしい。このため従来の北庄にはこの頼景が在番して、以後北庄氏を称したのであろう。頼景の菩提寺の永春寺（現在福井市つくも二丁目にある）の記録によれば、頼景の法号は萬松院殿永春宗安大居士。文安三年（一四四六）三月一日寂となっている。頼景の後は、信景・景安・景光・景範・景行と続き、土佐守景行は天正元年（一五七三）八月の刀禰坂《とねざか》（敦賀郡）の合戦で戦死して北庄氏は滅亡した。

五代教景の子、教景は後に家景、さらに為景と改名している。孫次郎、孫右衛門尉、下野守と称した。文安三年（一四四六）八月六日、北庄神明社を再興した。東沼周厳和尚（嘉吉・文安頃、建仁寺や相国寺住持を歴任）の語録詩文集（『五山文学新集』）である『流水集』に「固山居士拈香《ねんこう》」がある。固山居士は、この教景（家景）のことであるが、この中に〝在二越之前州一乗城畔一〟の記述があり、教景（家景）が一乗城の麓に居館していたことを意味し、少なくとも、文明三年（一四七一）より二十年も以前の教景（家景）在世中にはすでに一乗城が築城されていたことを裏付ける貴重な史料である。なお、これには彼が文武之道が深く、朝倉氏の未来は万歳長栄だと記している。しかし宝徳二年（一四五〇）十二月二十日、父の教景に先だって四十九歳で死没している。法名を法身院殿固山宗堅居士。

教景（家景）には将景《まさかげ》（鳥羽・光照・小太郎・豊後守・弾正左衛門）・月浦宗掬座元（集雲軒）・女子（織田氏の妻女）・仙隠宗峯和尚（竜巣軒）などの弟妹がいた。豊後守将景は今立郡鳥羽（現在鯖江市）に土着して鳥羽氏を称したらしい。一乗谷外阿波賀中島の西山にあった光照寺《こうしょうじ》（現在福井市）は彼のために甥の孝景（英林）が再建したものだという。

5　黒丸館と朝倉氏

一乗谷へ城を移す以前の朝倉氏は、広景以来、孝景（敏景）まで七代百三十年間、坂井郡三宅黒丸（現在福井市黒丸城町）に居城していたとするのが、従来の定説であった。

しかし、このことは筆者が朝倉氏の研究を始めて以来、永らく疑問としてきたことであって、朝倉氏が完全に越前一国を掌中に収めていない時期において、黒丸から距離的に遠隔な一乗谷へ居城を移すということは、地理的にも誠に不自然といわなければならない。恐らく朝倉史に関心を有した者なら一度はふと疑問に感じたことの一つであろう。

さてこのような一乗谷移城以前の朝倉氏が坂井郡黒丸に本拠を構えていたとする従来の定説を生み出した根元は、一体何であろうか。これを深く検討してみると、現在一般に広く流布している『朝倉始末記』の記述に原因があるようである。『朝倉始末記』の原本に近いと見られる『朝倉家記』（朝倉家録）では「同国足羽郡は一条殿御料所成《なる》に依て、広景御代官職として同郡北庄黒丸の館に居《す》へ給ふ故に広景を黒丸右衛門入道覚性と号す」と記述されてある。つまり広景は足羽郡北庄黒丸の館に居館したのである。これをオリジナルとする『朝倉系図』も、そのまま〃足羽北庄黒丸館〃を継承し、その後次々と伝来する『朝倉系図』の写本にも、この称念寺本『朝倉系図』の記述の源流が承け継がれていて、坂南郡（坂井郡）黒丸城などとはどこにも記されていない。

これに対して『朝倉始末記』の方は、同じく『朝倉家記』を原典としながら、その著者が故意に〃足羽北庄〃を削除して〃坂南郡（坂井郡）黒丸城〃に改ざんしたと思われるふしがあり、これによって以後の黒丸時代朝倉氏の定説を生み出す根元ができ上ったものと考えられる。

今かりに、朝倉氏が坂井郡黒丸に居城していたとすれば、現在何らかの傍証史料が少なくとも一点ぐらいに残っているはずであるのに、『朝倉始末記』中には勿論のこと、当時の古文書・古記録にも一切、坂井郡黒丸居館を裏付けるものが残っていないし、これを暗示するものすら残っていない。

ただし坂井郡三宅黒丸《みやけくろまる》には中世時代の居館跡が近年まで厳然と残っていたし、『城跡考』など江戸時代の地誌類にもこれを朝倉氏の居城としている。しかし、これらの地誌類は、すべて江戸時代中・後期に『朝倉始末記』の影響を受けた後に、成立したものであるから、これをもって朝倉氏の坂井郡黒丸居館跡を裏付ける史料とはならない。恐らく『越前国名勝志』の中の俗説の云う〝朝倉時代祈願所寺院〟の遺構と考える方が正しいのではないだろうか。近年この黒丸城跡から五輪石が何基か掘り出されたことも、この祈願所寺院を裏付けるものである。

以上述べたごとく、朝倉広景の黒丸居館が坂井郡ではなかったとすれば、『朝倉家記』や『朝倉系図』中の足羽北庄黒丸居館とは一体どこを指すのであろうか。

さて、朝倉広景が越前に入国したとする延元元年は、ちょうど南北朝の動乱が越前にも波及して、越前国内の方々で合戦が行なわれようとしていた時期である。そこでこのことを考えるために参考としなければならないのは、『太平記』の記述であろう。『太平記』の足羽郡を中心とした合戦を述べる中に、黒丸城の記述が何ヵ所か見える。また当時足利方の一部将として活躍した得江頼員《とくえよりかず》の軍忠状（『大日本史料』）の中にも黒丸城が出てくる。すなわち『太平記』の中の足羽七城とは七つの城砦《さい》を総称したもので、その根城として黒丸城が考えられ、これらの史料からその位置を推測すると、勿論坂井郡黒丸の地ではなく、吉田郡旧西藤島村（現福井市）の黒丸城でなければならない。延元三年（一三三八）七月二日、足羽城を攻撃すべく新田義貞が河合石盛《いしもり》城（福井市森田地区）を進発して灯明寺に着陣し、これより五十余騎を率いて攻撃に出た時、黒丸の足利方細川某の歩卒三百と遭遇し、この灯明寺畷《なわて》（現在の新田塚）で新田義貞はついに戦死したのであるが、この足利方黒丸の地こそ、地理的に考えて先の旧西藤島村黒丸城である。つまり朝倉広景・高景父子は但馬国から越前に入国し、南北朝争乱の中、斯波氏の根城である吉田郡（吉田郡は鎌倉時代に足羽郡から分立したものである）黒丸館に在館し、延文二年（一三五七）高景が足羽北庄の預所職を得て、この足羽北庄（現福井市）に居城を定めて以来、ここが朝倉氏の根拠地になったものと考えられる。

6　足羽北庄と朝倉氏

朝倉高景以来、一乗谷移城まで代々居館したと考えられる足羽北庄は、最初、足羽御厨《あすわのみくりや》と称し、伊勢皇太神宮の神領として承安元年（一一七一）成立した。すでに早く延長二年（九二四）に伊勢皇太神を分祀して「北庄神明社」が建立されているから、延長頃には御厨となる素地が整っていたものであろう。『神明社縁起』に「北庄三郷者、人王十一代垂仁天皇御宇太神宮伊勢州五十鈴川上御鎮座時、爾来太神宮御戸帳領也。……上郷者四井村・勝見・丸山、中郷者北庄。下郷者明里村・高柳・水越・飯塚・角折・大瀬・萱谷・境村・安居・下市・金屋・向大瀬也」とある。現在の足羽川北岸福井市域が大略、足羽御厨の故地と考えられる。

建久三年（一一九二）鎌倉幕府が成立すると、足利御厨は一条能保《よしやす》の内室（源頼朝の妹）に与えられた。内室が亡くなると、その娘が嫁した九条良経に移譲され、さらに一条実経に伝えられ、以後代々一条家の庄園となった。一条家の庄園としては足羽御厨の東南に東郷庄、西方に安居保があり、いずれも朝倉一族が庄官として支配していた。つまり足羽御厨、すなわち足羽北庄は鎌倉時代には越前守護所も置かれていたと云うから、政治的にも重要な所であったため、朝倉氏が代々ここを根拠地としたことも当然のことであろう。

また二代正景（高景）が康永元年（一三四二）北庄の西方、安居保に創建した弘祥寺は、朝倉氏滅亡まで朝倉氏の宗教生活と最も深いつながりを持った重要な寺院となっていたが、これも朝倉氏が北庄に本拠を置いて勢力を拡げていった過程を暗示している。

朝倉氏と北庄との密接な関係は北庄神明社との関係からも窺《うかが》える。『朝倉系図』によれば、貞和三年（一三四七）初代広景が北庄神明社を造営し、六代家景は文安三年（一四四六）八月六日、北庄神明社を再興している。また一方、永禄九年（一五六六）八月三日付の『神明社縁起』の中にも〝朝倉右衛門尉美作守広景入道空海覚性当社建立〟〝朝倉弾正左衛門孝景入道英林以二武勇一強大、当国収二掌内一合戦時、為二第一願一当社再興……当社再興　奉行朝倉土佐守神領寄附、破損奉行右同人ニ定ム〟などの条々を含んでいる。

越前初代国主朝倉孝景が、このように神明社を尊崇していたことは『前霜台英林居士三十三年忌陞座《しょう》』（月舟和尚語録『続群書類従第拾参輯』）の「敬神者何。尊崇神明也。居士曽俾人月々詣伊勢太神宮。以禱国泰民安。大哉其志」の一節からもわかる。永正十年（一五一三）七月廿六日、国主朝倉孝景は曽祖父孝景（英林居士）の三十三回忌の法要を営んだが、これに臨んだ安居弘祥寺の住持であった月舟和尚は孝景の遺徳を偲《しの》んで「散説」を呈した。孝景の生前に於ける遺業を称《たた》え、続いて〝帰仏者何〟〝敬神者何〟〝誦経者何〟〝書経者何〟〝建寺者何〟と、主として孝景の信仰生活を問いながらこれに答えているが、この中の一節が先の史料である。つまり「孝景は、どの神を崇拝していたかというと、神明である。彼はかつて人を遣わして毎月伊勢太神宮へ代参をさせ、もって国の安泰と民心の安定を祈った。其志は誠にもって偉大である」という意味である。神明とは明らかに北庄神明社を指すものである。神明崇拝は一人孝景のみにとどまらず、朝倉歴代国主が崇拝していたことは事実であり、元亀元年（一五七〇）六月十六日、朝倉義景も同族朝倉景遐をして伊勢太神宮に土地を寄進し、国家の安寧と武運長久を祈願している。

以上の記録や史料から知られるように、伊勢太神宮の分身、北庄神明社との関係は初代広景に始まり最後の国主義景まで続く。すなわち〝神明〟は朝倉氏の守護神として歴代崇敬されていたようであり、このような朝倉氏と神明社との結びつきは、一乗谷移城以前より朝倉氏が北庄に居館していたからこそ生まれたものであろう。

7　一乗城の築城

朝倉氏が坂井郡黒丸から一乗谷へ居城を移したと云う従来の定説が誤まりであって、朝倉氏の居館は北庄にあったとする考え方については、前節で詳しく述べたが、ここでもう一つ疑問とするところは、北庄から一乗谷への移城、つまり、一乗城築城の年次である。

従来の定説では、朝倉氏の一乗谷への移城は、文明三年（一四七一）朝倉敏景（孝景）による築城に始まるとされているが、これも『朝倉始末記』の記述に従ったまでのことであって、まったく根拠の無い事項である。六代数景（家景）の項ですでに述べたように、朝倉孝景の父教景（家景）は、すでに一乗城の麓に居館していたことが「固山居士拈香《ねんこう》」によって知られている。教景（家景）は宝徳二年（一四五〇）に死んでいるから、文明三年よりも二十年も前に一乗城のあったことが証明され、今や文明三年一乗城築城説はまったく誤まりであることが明白となった。それでは、一体いつ頃一乗城が創築されたのであろうか。

『朝倉系図』によれば、五代教景（家景の父）の弟、京景（後に頼景）は北庄遠江守と称して北庄朝倉氏の祖となったとされているが、従来の説では京景が黒丸朝倉氏から分立して北庄へ進出したもののように考えられていた。しかし宗家の朝倉氏の本拠が北庄であったと考えれば、恐らく朝倉教景が北庄から一乗谷へ移城するに及んで、教景の弟京景が北庄在番として残され、北庄氏を称したものであろう。この様な仮定を踏まえて考えれば、朝倉氏の北庄より一乗谷への進出は家景の父、すなわち朝倉美作守教景の時代であったと考えられる。

美作守教景は寛正四年（一四六二）七月十九日、八十四歳で死没したが、既に早く父の家景を失って祖父教景の後見の下に着々と実力を培《つちか》ってきた孝景は、祖父教景の死後、恩徳をしのび、その菩提を弔うため、心月寺を創建した。前節で述べた『前霜台英林居士三十三年忌陞座』の中に心月寺の創建に就いて述べた一節がある。すなわち、孝景が一乗谷居館のかたわらに狭地をさいて一伽藍《がらん》を創建し、祖父の法号を以って心月寺と名付けたもので、雲水僧二三百人をして供養したというから大伽藍であったと想像される。現在、朝倉氏菩提寺として著名な福井市の大円山心月寺は、教景の法名である大円院殿心月寺宗覚大居士によるもので、坂井郡本郷の竜興寺三世桃庵《とうあん》禅洞和尚を招いて開山とし、創建された。

従来の心月寺史では、心月寺は最初、坂井郡黒丸城下に創建され、文明三年一乗谷に移ったとされているが、これも文明三年一乗谷築城を定説と考えたための誤伝であって、すでに朝倉教景時代に一乗谷に築城されていたからこそ教景死後、孝景によってただちに一乗谷に心月寺が創建されたものであろう。

心月寺が孝景によって一乗谷に創建され、これが以来朝倉氏の総菩提寺とみなされてきたことも、つまりは朝倉美作守教景が一乗城の築城創設者であったことを意味するものではなかろうか。

8　越前国守護、斯波氏

足利幕府における越前図の初代の守護は足利氏の一族、斯波尾張守高経である。建武三年（延元元年・一三三六）、足利尊氏が後醍醐天皇に叛旗をひるがえして建武の中興が破れ、南北朝の争乱が始まると、北朝方の斯波高経は、南朝方の新田義貞らの軍勢と越前の諸所において合戦をくり返した。延元三年（一三三八）新田義貞が吉田郡新田塚で戦死し、さらに興国元年（一三四〇）新田義助が、その軍を越前国から退去させると、越前はほぼ完全に斯波高経の支配下に入った。

しかし北朝方でもしばしば内紛が起り、貞和五年（一三四九）尊氏・直義の兄弟が不和になると、斯波高経は直義方に加わり、観応元年（一三五〇）一時、南朝に移ったため、越前守護は細川頼春に宛行われたが、その後、再び斯波氏が越前国守護に補せられている。しかし、貞治五年（一三六六）八月八日、佐々木道誉らの反斯波派の圧力によって斯波氏はにわかに失脚し、高経を始め義将《よしまさ》・義高らの斯波一族は、共に越前に下った。そして高経は南条郡杣山城に、その子義将は丹生郡栗屋《くりや》城に立て籠って将軍足利義詮に反抗した。このため、越前国守護には畠山義深が任ぜられた。

翌貞治六年七月、斯波高経が杣山城で死没すると、義将は将軍に哀訴してその罪をゆるされ翌応安元年、越中国守護に補されて、常に反幕府勢力であった前越中国守護の桃井直常《ただつね》討伐を命ぜられた。義将の越中国守護在任期間は応安元年（一三六八）から康暦元年（一三七九）の約十一年間に及んだが、康暦元年閏四月、義将が幕府の管領《かんれい》に補されると、これを機会に、越前と越中の守護の交替が行なわれた。すなわち越前守護畠山基国は越中守護へ、越中守護であった斯波義将は父以来の越前国守護に返り咲いたのである。そして以来、越中は畠山氏が、越前は斯波氏が戦国時代に至るまで代々、その守護職を継承していった。

斯波義将は康暦元年（一三七九）以後十余年間管領として幕政に権力を振るうが、自分みずからは越前国守護の他、至徳四年（一三八七）以降、一時信濃国守護をも兼ねた。そして義将の子義重（義教）は康応元年（一三八九）尾張・遠江の守護に、義将の弟の義種《よしたね》は至徳元年（一三八四）信濃守護、至徳四年からは加賀守護に補されて、斯波一族の繁栄はその極に達した。

明徳三年（一三九二）八月、将軍足利義満は、相国寺供養のため多くの公卿・武士を随えて臨駕《が》した。その時の『相国寺供養記』（『後鑑』）によると、後陣随兵として、一番は治部大輔義重《よししげ》（斯波氏）であったが、その随兵を次に記すと、

掻副　二宮与一源種氏・島田平次郎憲国・島田弥次郎重憲・甲斐八郎藤原将教・由宇新左衛門尉多々良氏英・氏家主計允藤原将光・民部少輔源満種

掻副　二宮与二源種泰・長田左近蔵人藤原将経・斎藤石見守藤原種用・岩井彦左衛門尉藤原教

秀・安居孫五郎藤原種氏・二宮七郎藤原種隆

二宮種氏は至徳四年（一三八七）頃の信濃国守護斯波義種の守護代二宮氏泰の子であり、後には加賀国守護代ともなった。島田弥次郎や由宇氏は斯波義将の越中国守護時代の越中国人であったし、甲斐は越前守護代であり、斎藤氏・安居氏は越前国人であった。中でも斎藤石見守藤原種用は坂井郡で勢力を高めた後の堀江氏の祖先に当たる。つまりこれは、当時の斯波氏が任命されていた守護領国の国人被官を知ることのできる史料として重要で、後に述べる内容とも関連してくる。ここで注目すべきことは当時、越前に在住していたはずの豪族であった朝倉氏の名前が見えないことである。これは先にも述べたように、当時朝倉氏が反斯波勢力であったため、随臣に加えられなかったものであろう。

義将（右衛門入道雪溪）は応永十七年（一四一〇）五月七日、死去するが、これより先、応永十二年（一四〇五）七月、畠山基国に代わって斯波義教（義重）が管領に補されると、彼は斯波家の家督をも継いで、越前・尾張・遠江の三ヵ国の守護職に任ぜられたらしい。斯波義教（義重）は応永二十五年（一四一八）八月十二日、四十八歳で卒し、その子義淳《よしあつ》が三ヵ国の守護を継承した。永享五年（一四三三）義淳が十二月二日、三十七歳で死去すると、弟の義郷《よしさと》が家督を継ぎ、その義郷もわずかに治世三年で、永享八年九月三十日死去してしまう。義淳は義将同様、管領に補されて幕政に参画したが、義郷以後は、その治世短命もあってほとんど管領に補されず、斯波氏の衰亡を招いていく。

三代義重《よししげ》以後は、ほとんど守護として任国へ下国せず、もっぱら京都にあって幕政その他に従事していた。従って領国の政治向きは守護代がその任に当った。斯波氏の守護代は甲斐氏である。甲斐氏はその出身がはっきりしないが、越前から起った国人（豪族）ではなさそうである。甲斐八郎藤原将《まさ》教《のり》は義将・義重・義淳の三代に仕え、その一族・家人を小守護代として府中守護所に派遣して越前国の実際の国務を代行させるなど、守護に代わる実力を着々と養っていた。

甲斐将教は官職を美濃守に任ぜられ、応永三年（一三九六）以後出家して法名を沙弥《しやみ》「祐徳」と称した。将教は応永二十七年（一四二〇）八月十六日死去し、その跡は甲斐八郎将久が継承した。同じく美濃守を称し、永享頃出家して法名を沙弥「常治」と称した。治世短命で終る斯波家に代わって、守護を凌ぐ実力を有してきたのが、この甲斐常治であった。

Ⅱ　戦国大名朝倉氏

1　朝倉孝景時代

守護代甲斐氏の台頭

越前国守護義郷が治世三年の短命で永享八年（一四三六）死去すると、その子千代徳丸が二歳で家督を継ぎ、宝徳三年（一四五一）元服して義健《よしたけ》と名乗るが、その義健も翌享徳元年（一四五二）九月一日、十八歳の若さで死去してしまう、義健が若年であったため、その嗣子がないので、その支流であった斯波持種の息、義敏が宗家の家督を継ぐことになった。幼少の守護を補佐して守護権を代行し、強力な発言権をつけてきた甲斐将久の後楯によって義敏の家督相続が実現したのであったから、義敏にとってみれば甲斐将久は頭の上がらない存在であった。しかし義敏も長ずるに従って、この将久を除こうと計り、将久の弟甲斐近江守を守護代にしようとした。

ここに義敏と将久との対立が始まるのである。両者の衝突のきっかけは、長禄元年（一四五七）十一月であった。義敏方被官四十余人が京都市中で乱暴を働いたので、将軍の上意を受けた甲斐・朝倉・織田及び山名方がこれらを一人も残らず打ち取った。この時打たれた武衛《ぶえ》方（義敏方）の人名は堀江・嶋田・細川・能宇（由カ）、其の外二十人で越前・尾張・遠江三ヵ国の国侍だったという（『大乗院寺社雑事記』）。この争いについて、幕府は当然甲斐方を勝訴に決したので、義敏はこれを憤って翌二年正月元日、斯波家の墳墓の地である東山東光寺に逼塞《ひっそく》してしまった。これに驚いた幕府は、これが内乱に及ぶことを恐れ、また斯波家が国家の功臣であると云う理由で、甲斐氏をして和睦せしめた。このため、義敏はようやくこれに応じ二月二十九日に幕府に出仕している。

しかし、甲斐常治の妹が幕府政所《まんどころ》の執事、伊勢貞親の妾でもあったところから、甲斐氏は幕府を背景としてさらに専権をつのってきた。その後、京都における守護と守護代の争いはそのまま、斯波氏の領国越前へと拡大していった。長禄二年七月、義敏方と甲斐・朝倉との合戦で、最初は甲斐方が打ち勝ったが、八月七日に堀江石見守利真《としざね》が京都より越前に入国して守護方が優勢となり、敦賀の甲斐方の代官、大谷将監が討たれた。この合戦で、越前国内の過半が焼失したと云われ、南都興福寺の庄園、河口庄も守護代甲斐方の庄官はすべて国外へ退去し、空職となった諸郷が多かった。本所の大乗院はこれを機会に河口庄の直務（直接の管理）を実現しようとしたが、堀江石見守など守護方の妨害によって実現は困難であった。

この頃、関東では鎌倉公方の足利成氏《しげうじ》が幕府の命に服さないため、長禄二年六月十九日、斯波義敏と甲斐将久に鎌倉追討の下知を下したが、両者共に難渋を示しながら甲斐将久だけは鎌倉へ下向した。

このような甲斐将久の留守中に先に述べた合戦が越前で展開したのである。このため幕府は甲斐将久の帰京をゆるし、将久は十月一旦京都へ戻り、戦備を整えて十一月、朝倉教景（孝景）と共に越前へ向い、近江の海津まで進出した。加賀からも甲斐方の越前侵入が行なわれた。

先に幕府から鎌倉出陣の命を受けながら、難渋していた斯波義敏も十二月、ようやく重い腰を上げて江州石山より小野まで兵を進めた。そしてここに滞陣しながら兵粮《ひようろう》・人夫などについて甲斐方の合力を幕府に要求したのである。つまり義敏は鎌倉出陣と見せかけながら、甲斐氏の越前侵攻を背後から牽制していたわけであるから、勿論甲斐氏は堀江石見守との合戦を理由として、義敏の要求に応じなかった。両者の合戦は翌三年正月には越前から尾張にまで及んだ。幕府は終始、甲斐氏支持の態勢をとっていたが、このような両者の反目は幕政上にも非常に大きな障害となったので、両者を和睦させるため同三年二月相国寺の吏僧《りそう》、蔭凉軒真蘂《いんりようけんしんずい》を上使として越前の敦賀郡疋壇《ひきだ》へ派遣した。しかし調停は不成功に終わった。義敏方の諸侍が一致して甲斐との和睦に反対したからである。上使は止むなく帰京した。朝倉孝景など甲斐方の諸侍が、以後子々孫々に至るまで義敏を斯波家の家督、すなわち守護として認めないと連署し、幕府の要人、伊勢貞親へ申し入れたのはこの時のことであった。

この和睦調停が不成功に終わると、同月廿二日、越前では直ちに合戦が再開された。幕府の強力な支援を受けて甲斐方は有利な戦況を展開した。四月二十日には堀江石見守が甲斐方の越前敦賀城を攻めて敗北した。このような守護方の不利な戦況にいらだった斯波義敏は、鎌倉出陣のため江州小野に滞陣させていた軍勢を翌五月、甲斐方の固守する敦賀城大攻撃へ鉾先《ほこ》を変えた。しかし甲斐方の機敏な軍略によって十三日、大軍であったにもかかわらず斯波方は大敗を喫してしまった。幕府はこの合戦では、義敏討伐の御内書を甲斐将久に下すと共に、越前国内の諸庄国へは勿論、近江・能登・加賀・越中などの近隣諸国の国人層に対して甲斐氏への合力のため出陣を命じた。近隣諸国の国人は大軍をもって越前国境まで出陣したが、合戦が終ったのでやがて帰国してしまう。

このように関東征討を命ぜられたにもかかわらず、幕命にそむき、その軍勢を甲斐氏攻撃に向けて、却って大敗した斯波義敏に対して、将軍義政は烈火の如く怒り義敏の越前守護職を奪って隠居させてしまった。義敏は止むなく西国へ下り、周防国の大内家へ身を寄せた。越前守護職は義敏の子、松王丸（当時三歳）に与えられて、守護代甲斐氏の擁立するところとなった。

長禄合戦と朝倉孝景

義敏が没落しても旧守護勢力はそのまま温存していた。その主力が堀江石見守一党であった。先に、長禄二年（一四五八）十一月朔日《ついたち》、甲斐将久と共に、京都を出立した朝倉教景《のりかげ》（孝景）は、翌三年五月十三日までに敦賀などにおいて二十一か度の合戦をくり返して、六月朔日ようやく越前北庄に下着した。五月十三日の合戦に敗北して越前を追われていた堀江石見守一党は七月廿三日越前国内に侵入し、坂井郡長崎に布陣して待機していた。そして八月十一日、屋形《やかた》方（守護方）と甲斐方（守護代方）との越前支配の覇権《はけん》を賭《か》けた最後の決戦が越前を中心に展開したのである。この両者の対立は斯波義敏と甲斐将久との私的な対立から始まったのであるが、それぞれ自己の利害関係を有する越前国内の国侍間の分裂抗争にも発展した。守護方は越前国の名族、堀江石見守を中心として旧仏教勢力の平泉寺・豊原寺をも傘下《さんか》に入れた。守護代方は朝倉教景（孝景）が主力であって甲斐将久の他、二宮氏・織田氏が味方であった。しかし堀江氏も朝倉氏も一族が両派に分裂していた。すなわち堀江氏の支族、本庄氏・細呂宜《ほそろぎ》氏は守護代方

河口庄職人（庄官）の変遷

		応永21年 (1414)	永享9年 (1437)	文正元年 (1466)	朝倉時代 (1471〜1573)
本庄郷	(政所) (公文)	朝倉 堀江石見入道	朝倉 堀江石見	朝倉阿波賀 朝倉阿波賀	堀江中務
荒居郷	〃	堀江三郎佐ヱ門 原入道	堀江本庄殿	本庄 甲斐	朝倉治部丞
新庄郷	〃	甲斐帯刀 甲斐帯刀	甲斐帯刀	甲斐勘解由 甲斐勘解由	安居
関郷	〃	島田 知足院	島田弥三郎	堀江三郎佐ヱ門 甲斐	松尾
大口郷	〃	(朝倉阿波賀) (〃)	朝倉阿波賀	阿波賀 阿波賀	堀江兵庫助
溝江郷	〃	甲斐美濃入道 甲斐帯刀	甲斐	甲斐 甲斐	溝江河内守入道
新郷	〃	織田主計 織田主計	織田主計	織田主計 織田主計	天沢寺
王見郷	〃	島田弥三郎 甲斐	大膳寺	島田三郎左ヱ門 甲斐	臼井
兵庫郷	〃	小泉 多門院	甲斐	熊谷上総入道 応島民部	朝倉殿
細呂宜郷	上方 〃	堀江石見入道 堀江帯刀			堀江右近 (細呂宜殿カ)
	下方 〃	堀江帯刀		堀江帯刀 堀江民部	

であるのに対して、朝倉教景（孝景）の叔父の朝倉豊後守将景《まさかげ》父子らは守護方に属していた。

長禄三年八月十一日のいわゆる長禄合戦は北庄の東、和田庄で展開された。これは堀江石見守らが朝倉教景の居城一乗谷を攻撃目標とした合戦と考えられるが、結果は守護代方すなわち朝倉教景方の大勝利に終わった。これによって堀江石見守一族、および朝倉教景の反対勢力であった叔父の朝倉将景も同時に戦死して滅びた。「朝倉申状」（『朝倉家録』）によれば、この合戦は朝倉教景の主力が中心となって勝利に導いたのであると述べているから、朝倉教景の武力によって一族内外の反対勢力をすべて排除したことになり、越前国内における朝倉教景の覇権確立の第一歩がここに踏み出されたことを意味する。

教景にとってさらに幸運なことは、長禄合戦の終わった翌日、すなわち八月十二日夜、甲斐美濃入道常治（将久）が突然死去したことである。将久の子八郎三郎敏光は当時、越前に在陣中であったから、京都にいたその子の千喜久（当時四、五歳）に越前国守護代が暫定的に補任された。勿論、甲斐敏光が帰京すると守護代は敏光に宛行われている。しかしここに至って甲斐氏は将久守護代時代の盛時をもう望み得べくもなかった。甲斐氏の衰亡のきざしはこの時点から始まるのである。

前頁の表は、奈良興福寺大乗院の庄園、坂井郡河口庄十郷の公文職《くもんしき》・政所職《まんどころしき》など、いわゆる庄官の配置を、時代的な変遷（応永・永享・文正・朝倉時代）に従って表にしたものである。この表を見るかぎりでは、守護代甲斐氏一族の所職が多く、島田氏・織田氏など守護の披官の名も見える。朝倉氏一族は本庄郷・大口郷にのみ見られ、比較的少ない。ただ本庄郷公文職において永享九年から文正元年にかけて堀江石見から朝倉阿波賀に交替しているのは、長禄合戦の結果として注目される。

さて、ここで次第に歴史に登場してくる朝倉孝景について述べておこう。孝景は正長元年（一四二八）四月十九日に生まれた。幼名を小太郎、元服して最初は教景と名乗ったのではないかと考えられる。その後、享徳元年（一四五二）斯波義敏が越前守護に任ぜられると、その一字をもらって孫右衛門敏景と改めたらしい。正徹《しょうてつ》の詠歌集『草根集《そうこんしゅう》』によれば、長禄元年（一四五七）七月から翌二年二月までに九回にわたって京都で月次歌会《つきなみうたえ》を開いているが、これには〝日下部《くさかべ》（朝倉）敏景すゝめし月次に〟とあって、敏景を名乗った一時期のあったことを知ることができる。しかし翌三年五月に義敏が没落すると、敏景から再び実名を教景に戻したようである。従って敏景を名乗った時期は長くて七年間に過ぎない。長禄合戦に大勝利を博し、対立する同族や他氏を滅ぼして抬頭するこの時期に、彼は孫右衛門から弾正左衛門の官途についた。

寛正二年（一四六一）九月二日、突然斯波松王丸が退けられて相国寺の僧となり、代って足利氏の支族、渋川左兵衛佐義鏡《よしあきら》の子が斯波家の家督を継承した。元服して斯波義廉《よしかど》と名乗り、治部大輔に任ぜられた。このような突然の義廉の家督継承の背景には、特に朝倉教景の大きな援助があったものと考えられる。松王丸を擁立していた甲斐敏光が召し上げられ、義廉の将軍参賀の翌日には、将軍から越中・越前において七ヵ所の領地を給わったといい、朝倉氏を越前守護代に補するかどうかのことまで検討するように、との御内書を給わったという。しかし七十余年にわたって継承されてきた甲斐氏による守護代職が、そうやすやすと朝倉氏に譲渡されるはずはない。朝倉氏の守護代就任は勿論実現しなかったらしいが、朝倉氏の実力はすでに守護代甲斐氏のそれをしのぐ勢いであった。寛正四年（一四六三）七月二十日、河口庄兵庫郷公文職について甲斐氏が守護代としての遵行《じゅんぎょう》を怠っているので、代って朝倉氏に仰付けたとあるのは、まさにこれを意味している。この前後から『大乗院寺社雑事記』（大乗院門跡尋尊の日記）や『安位寺殿御自記』（大乗院前門跡経覚の日記）の内容が、甲斐氏よりも朝倉氏に関する記事の方が多くなってくる。庄園領主も朝倉氏の存在をもはや無視し得ない情勢にまでなってきたのであろう。

長禄三年にはじまる天候不順は、翌四年（寛正元年）に及び、寛正二年にかけて全国的な大飢饉《ききん》が人々を苦しめた。禅僧雲泉の日記、『碧山日禄《へきざんにちろく》』によると、京都だけで死者八万二千人と記録している。越前河口庄だけでも「自去年冬至当月、飢死分九千二百六十八（人カ）文云々、又逐電（逃散）分七百五十七人」（『大乗院寺社雑事記』）と百姓が注進している。このような戦乱と大不作の最中、田楽頭反銭が河口庄・坪江庄に課せられた。当然のことながら百姓は減免を要求して反対したが、本所の大乗院はこの反銭徴収を強行するため、朝倉にこの任を請負わせた。朝倉は弟の慈視院光玖《こうきゅう》ら約四十余人を、寛正二年十月越前に下向させている。

これを知った百姓は非常に驚いて、大乗院に対して次のような嘆願書を提出した。「御反銭の事は朝倉殿へ仰付けられたということを聞きました。昨年今年は五百年、三百年来このかたない不熟なので、先度百貫文での減免を願い出たところこれが聞き入れられず、朝倉へ反銭徴収を請負わせたということですが、今年中に二百貫文、来年中には残り二百貫文を進上するのでこれでかん弁して戴きたい。これでも駄目だということで、やはり朝倉に請負わせることがあれば、却って大乗院にとって、以後面倒なことになります。どうか朝倉にだけは請負わせないで戴きたい」と述べている。反銭徴収は守護代に請負わせることが先例となっているが、朝倉氏へ請負わせたことは、大乗院も朝倉氏が甲斐氏以上の実力を持っていたことを知っていたからであり、一方、百姓が朝倉氏の反銭徴収を非常に恐れたことは、朝倉氏の百姓に対する強力な武力行使を恐れたからであろう。

朝倉教景は長禄合戦が終ると、再び帰京し、以後京都に居て守護斯波義廉の政治向きを補佐していた。寛正六年（一四六五）斯波義廉が尾張国青山荘に段銭を課そうとした時、幕府は朝倉孝景をしてこれを停《と》めしめるなど、孝景の実力は守護斯波氏をもしのぐ勢いとなったらしい。このような強引な教景（孝景）によって庄園侵略の危機にさらされていた大乗院では、寛正五年六月二十四日、教景の名字を呪詛《じゅそ》（のろう）した。このためであろうか、以後教景を孝景と改名している。一方甲斐氏も寛正五年正月廿日、守護代職が敏光からその子千菊丸に移譲されている。千菊丸は寛正六年十二月元服して信久と名乗った。

さて守護職を奪われ、越前を追われて周防の大内家へ没落していた斯波義敏は寛正四年十一月、幕府の要人、伊勢貞親《いせさだちか》の運動によって帰洛できるようになったらしいが、甲斐・朝倉の反対で実現されなかった。その後も義敏は帰洛運動を続け、寛正六年十一月、子細が無ければ、義敏を斯波の家督に戻したいという将軍の仰出があったが、これも甲斐・朝倉の反対によって沙汰止みとなってしまった。

しかし、甲斐・朝倉らの強力な反対にもかかわらず、義敏の赦免工作は着々と進められ、まず義敏の入京だけがゆるされて、その年の十二月廿九日に五年ぶりに筑紫国から上洛した。そして翌文正元年（一四六六）七月二十四日には斯波義廉が退けられて、早くも八月二十五日には、斯波義敏が越前・尾張・遠江の三ヵ国の守護職を拝領した。甲斐・朝倉のみならず、山名・細川両氏の強力な反対を押し切って義敏の回復を無理やりに推し進めたのは、幕府の要人の伊勢貞親と政僧の蔭凉軒真蘂《いんりょうけんしんずい》であったが、これも結局は失敗に終わり、早くも九月六日山名持豊の引き起した政変によって、義敏は再び退けられ、伊勢貞親をはじめ斯波義敏父子三人、蔭凉軒真蘂ら総勢八人は京都から追放された。そして斯波義廉は九月十四日、再び幕府に出仕し、翌年、すなわち文正二年正月八日、管領に任ぜられた。

応仁の乱と孝景の東軍への寝返り

将軍義教が赤松満祐《あかまつみつすけ》に殺されるという、いわゆる嘉吉《かきつ》の乱を契機に、将軍の権威は著しく失墜し、幕府の実権は次第に細川勝元《ほそかわかつもと》や山名宗全《やまなそうぜん》（持豊《もちとよ》）らの有力守護大名に握られていった。諸大名の反抗、土一揆や徳政一揆の頻発、飢饉の連続などで、将軍足利義政は幕府政治に対する情熱をすっかり失ってしまった。当時継嗣のない義政は、僧になっていた弟を無理やりに還俗させて義視《よしみ》と名乗らせ、次期将軍継嗣と決めた。ところが皮肉なことに、その後に日野富子との間に義尚《よしひさ》が生まれた。当然のことながら、義尚を将軍にしようとする日野富子との間に対立が起こる。一方畠山家でも政長《まさなが》と義就《よしなり》との間に家督をめぐる争いが起こり、既に述べた斯波義敏と義廉との家督争いなどが複雑にからんで、細川勝元と山名持豊との二大勢力の争いに結びつき、応仁元年（一四六七）ついに戦乱となった。これを世に応仁・文明の大乱と呼ぶ。足利義視は細川勝元が後見し、将軍義政をも陣営に引き入れ、細川氏に頼る畠山政長・斯波義敏らと共に東軍と呼ばれた。一方、日野富子は義尚を擁して山名宗全を頼り、畠山義就・斯波義廉らと共に西軍となった。合戦は京都を中心とした市街戦で、東軍は十六万、西軍九万、合わせて二十五万に達したといわれる。このため、京都は合戦のたびごとに焼土と化していった。

大乱の発端は文正二年（応仁元）正月十七日夜の京都上御霊森の戦から始まり、甲斐・朝倉・二宮らは管領斯波義廉の被官として、西軍の山名方に属し、東軍細川方陣営の武将らと戦った。そして朝倉孝景はまず手始めに正月廿一日、在京していた義敏の父、斯波義種・竹王の父子、および松王を襲撃してこれを追放した。

戦いの当初から西軍側陣営で最も目覚ましい活躍を見せたのは当然、朝倉孝景であった。『応仁記』にもその奮戦ぶりが特記されてあって、少なくとも東軍側にとって朝倉孝景が恐るべき存在であったことは事実で、斯波義廉が細川方に和解を申し入れた際、彼の部将である朝倉孝景の首を持ってこいと注文をつけられた話があるくらいである。従って、東軍の細川勝元側は、朝倉孝景を何とかして東軍へ寝返らせて自己の陣営を強化しようと考えることは当然のことであった。

孝景の東軍への寝返りは、既に早く応仁二年十二月頃から噂《うわさ》となり、それが虚報か実説かをくり返しながら三年後の文明三年五月、初めて孝景の東軍帰順が明らかとなっている。つまり、これらの状況を伝えているのは多く第三者の日記類であるため、確実な情報の得られなかったことにもよるのであるが、ここに『朝倉家記』中から三十数点に及ぶ当時の関連史料が発見されて孝景の西軍から東軍への帰属の経過と実体がかなり明確に推測できるようになった。

伊勢貞親の書状の示すところによれば、孝景の東軍への勧誘工作は、やはり応仁二年の九月から始まっている。伊勢貞親は文正元年（一四六六）九月六日の山名宗全の引き起した政変によって斯波義敏らと共に没落し、その後、伊勢国へ亡命していたが、応仁の乱が起ると、その年の五月、将軍義政から上洛を命ぜられ、翌年九月には伊勢貞親は旧職に復して幕府の政所執事《まんどころしつじ》を勤めていたようであり、幕府カムバックの第一歩としてこの朝倉孝景の東軍勧誘工作に着手したのであろう。この東軍へ勧誘する貞親の書状を受け取った朝倉孝景は「本当に将軍の命令なのか」と耳を疑っているほどであり、これに応《こた》えて将軍義政の御内書《ごないしょ》が出されている。朝倉孝景はこの貞親の書状及び御内書を受け取った後、十月廿五日兄弟両三人を相伴なって越前へ下国した。翌年三月には帰洛することを申し置いて、子息の氏景だけを京都に残して出発したのである。

越前の情勢は、前年の応仁元年五月、東軍斯波義敏が越前へ侵攻し、翌二年五月には朝倉党類が悉《ことごと》く越前から追い出されて、越前一国はすべて斯波義敏の手中に入ってしまったため、西軍の孝景が勢力を挽回するために下国したのだと、従来は考えられてきた。しかし、これ以前すでに孝景への東軍勧誘工作があったとすれば、これまでの考え方は改めなければならない。すなわち孝景の越前下国は西軍より東軍への寝返りの第一歩ではなかっただろうか。『碧山日録』応仁二年十二月十二日条には「数日前に朝倉が義敏側に降参した」と早速伝えており、翌文明元年七月二日伊勢貞親の書状では、孝景へ将軍御内書が下附されたらしく、東軍への忠節をほめている。しかし、大乗院前門跡の経覚は、同年七月十日の日記（『安位寺殿御自記』）の中で「孝景が立町《たちまち》氏と共に東軍へ変心したため西軍の甲斐氏が孤立に陥った」と報じている。かと思うと、翌々日には「朝倉が義敏に属したと云うは誤報であって、越前国はとにかく無事だ」と記しているありさまである。要するに越前へ下国した朝倉孝景の行動は、どうも中央へは正確には伝わらなかったらしい。このことは同年十二月八日の伊勢貞親の書状の中にも窺《うかが》われ、「朝倉氏については京都ではもっぱら誤報が乱れ飛んでいるが、とにかく、さらに一層の戦功を立てるよう」孝景に対して強く督促している。

ここで注目すべきことは、朝倉孝景に対する東軍勧誘工作に伊勢貞親の他、赤松氏の被官浦上《うらがみ》氏が深く関与してくることである。後半における孝景の決定的な東軍寝返り過程には、この浦上氏を中心とした赤松氏の努力が大きく作用していることを見逃すことはできない。

浦上氏は播磨国浦上庄の国人で、代々赤松氏の被官であったが、嘉吉の乱で一旦赤松氏が没落した後も、浦上美作守則宗《のりむね》だけは備前国新田庄にあって新守護山名氏に仕えていた。赤松氏の没落後、赤松氏の守護領国をも兼併して強大化を誇っていた山名氏は、細川氏にとって大きな脅威であったから、山名氏の勢力を崩すことを目的に、細川氏は赤松氏の再興（赤松氏の旧領回復）を強力に支持した。神璽《しんじ》奪還《だつかん》事件を契機に長禄二年（一四五八）十一月、赤松次郎法師丸が、赤松惣領《そうりよう》家の家督を再興して幕府に召出され、加賀国北半国守護職と備前国新田庄、伊勢国高宮保が付与された。ここに赤松次郎法師丸（政則）と浦上則宗との結びつきが生まれる。赤松家の再興後、赤松氏の旧領は依然として山名氏の支配下にあったが、応仁の乱が起ると、赤松氏は当然細川方（東軍）に属し、文明二年頃までには播磨・備前・美作の三ヵ国の旧領を回復し、さらに赤松政則は四職《しき》家の地位をも回復して幕府の侍所《さむらいどころ》所司《しよし》に任ぜられ、宿老浦上美作守則宗は当然その所司代に任ぜられた。しかし、先の文明元年の書状からすれば浦上氏の所司代、ひいては赤松氏の侍所所司はさらに一年さかのぼって、文明元年の末までには実現していたようである。

さて赤松氏と朝倉氏との関係も無縁のものではない。『建内記《けんだいき》』嘉吉元年（一四四一）七月十二日条に、嘉吉の変直後、赤松氏の被官と縁戚関係にあった朝倉氏を処罰するかどうかが幕府内で問題となったことを伝える記事があるし、また朝倉氏の代々の奉行職を勤める魚住《うおずみ》氏も『幻雲文集』によれば、その祖は、播州明石郡魚住庄の国人で、建武三年（一三三六）赤松氏に臣従した魚住明貞の四世の孫、景貞に至って嘉吉の変が起り、赤松家を浪々して後、朝倉孝景の家臣になっている。この魚住景貞も朝倉氏東軍帰属に、赤松氏との間に立って調停役を勤めたらしい。このように朝倉氏の東軍への寝返りには、再興後間もない赤松氏、特に赤松家最大の実力者であった浦上美作守則宗の工作が大きく働いていたのである。

ここで文明二年（一四七〇）五月に発信された四通の書状（孝景宛浦上則宗書状、孝景宛細川氏被官安富・桑良書状、浦上五郎左衛門尉・中村三郎宛桑良書状、孝景宛赤松政則書状）を検討してみると、浦上則宗は在国していて、京都不在中は同じく赤松氏被官の中村三郎が朝倉孝景との直接交渉に当たっていたようであるが、これらの書状は、要するに朝倉孝景からの要求条項（越前国守護職のことか）を含めた注進状に対するその返信、もしくは関連書状とみられる。文明二年十月十八日の孝景宛伊勢貞親書状になると、この辺の事情はさらに明瞭となってくる。すなわち「御所存の趣は浦上氏が委《く》わしく申された。誠にもって神妙である。従って一段と忠節を励めば、御約束以外にも御褒美が下される。私の方も決して等閑にはしない。委わしくは浦上氏が申されるであろう。恐々謹言」とある。約束と云うのが恐らく越前国守護職のことであろう。これと引き替えに東軍への勧誘があったことは事実であるが、この約束がなかなか履行されないため、朝倉がこの実行をしばしば幕府に求めたものであろう。この結果、確約が得られたのであろうか、『雑事記』文明三年二月廿九日条には孝景が東軍に帰属したことを伝えている。そしてこれを裏付けるように同年五月十八日の文書からいよいよ管領細川勝元が登場する。「これまでの条々は一書をもって承わった。決してまちがいはない。浦上氏が四五日中に参洛するからやがて御判（将軍御内書か）が下されるであろう。このため飛脚一人留め置くと云うことは了解した」と、細川勝元は朝倉孝景に書状を送っている。そしてついに管領細川勝元は文明三年五月廿一日、「今度の条々すべて承知した旨、将軍から仰出された。朝倉氏景の東軍側に帰属したことも明確となった現在、重ねて御判（御内書）は沙汰致そう」と書き送ると同時に、管領副《そえ》状《じょう》と共に将軍足利義政の越前国守護職補任の御内書が、朝倉孝景に下附されたのである。

越前国守護職事、任下被二望申一之旨上被レ成二御自筆之御書一候畢。面目之至ニ候。早々可レ被レ抽二軍戦一候也。恐々謹言。

文明三

五月廿一日　　勝元

朝倉弾正左衛門尉殿

越前国守護職事、任二望申之旨一訖。委細右京太夫可レ申候也。

文明参　　慈照院殿様

五月廿一日　　御判

朝倉弾正左衛門尉殿

御内書というのは、三代将軍足利義満のころから将軍の私的消息（書状）として発達したものだが、将軍という差出者の性格から次第に政治的な効力を持つようになったものである。この朝倉孝景守護職補任の御内書については、これを偽文書だとする説もあるが、これに至るまでの一連の文書群から推測して、孝景の東軍帰属の条件に将軍の御内書をしつように要求していたことを知ることができ、実際に下附されたものと考えられる。このことは、応仁大乱中という非常時さもあって、孝景を東軍へ勧誘させるための一時的な手段方便に利用されたに過ぎず、朝倉孝景一代限りの制約があったとしても、まさしく将軍の権威失墜の一端を示しているものといえよう。

朝倉氏の東軍への寝返りが公然と一般化したのは、文明三年六月八日の夜のことで、朝倉氏景が西軍の山名方で大酒を飲み、その帰途東軍の細川讃岐守成之《しげゆき》の陣営へ入って、将軍義政に面謁《めんえつ》したことから、この事実が歴然とした。氏景の東軍への変心は、既に早くから東軍側ではわかっていたらしいが、何分にも氏景が在京中の身であるので、その行動は両軍から注目されていた。従って、その適当な機会をねらっていたのであろう。氏景は東軍へ帰属すると、直ちに下向し、六月廿三日に越前へ着陣した。この間氏景の一切の面倒をみたのが、赤松氏被官の中村三郎であって、朝倉孝景の重臣の一人、魚住帯刀左衛門尉景貞《たてわきざえもんのじょうかげさだ》が、旧赤松家臣であったこととも考え合わせると、やはりここでも赤松氏による朝倉勧誘工作が歴然としている。

当時、加賀南半国守護富樫《とがし》氏では、兄の次郎政親《まさちか》（鶴童）が東軍に属し、弟の幸千代丸は西軍に擁立されていたらしい。東軍へ寝返った朝倉氏が越前を平定するためには、加賀からの加勢が必要であり、幕府は政親にその合力を命じたが、これに応じないので、朝倉氏は弟の幸千代を家督につけさせて、東軍へ寝返らせ、協力を得ようとする計略のあったことが孝景の中村三郎宛書状（『朝倉家録』所収）の文面から窺える。しかしこの計略は、朝倉氏の思う通りにはいかなかったらしい。本願寺門徒と結んだ富樫政親は、高田門徒に擁立された弟の幸千代を、文明六年（一四七四）十一月滅ぼしてしまった。

朝倉孝景の越前平定過程

文明三年五月廿一日、越前国守護職を下附されても、孝景は直ちに合戦を始めることはできなかったようである。周囲をすべて敵にまわして、もし一合戦でも仕損じたら、その後の戦局に大きく響いたからであろう。手始めの合戦は、翌六月十日の、河俣《かわまた》（現在鯖江市上河端・下河端一帯か）への出陣である。ここは、甲斐氏の拠る府中守護所と朝倉方一乗谷のほぼ中間に位置し、甲斐方の戦略上重要な前衛拠点があったための出陣と考えられる。

さて、孝景が越前守護職を得たとはいいながら、当初の合戦はかならずしも朝倉方にとって有利には展開しなかったらしい。先の中村三郎宛の氏景帰国に対する各礼状の中にも加賀からの合力を強く望み、加賀の合力が得られなければ、越前国の情勢は不利になると述べている。そして朝倉氏景の一行が下国して越前に着いた六月二十三日の一ヵ月後、すなわち七月二十一日にも朝倉と甲斐とが合戦をしている。『大乗院寺社雑事記』によれば朝倉方が非常な劣勢でもって敗北したこと、孝景が国司だと称して立烏帽子《えぼし》狩衣等を着て殿上人《でんじょうびと》になったような振舞をしていること、国人衆がことごとく離反したことなどを記している。加州よりの加勢も得られず、朝倉氏は四面楚歌《そか》の苦境に直面していたのであろう。

朝倉方の大規模な反撃は翌八月から始まった。文明三年八月廿四日、北陸街道沿いの鯖江・上野・新庄保・鴨宮などで合戦が行なわれ、二百余人を討ち捕って朝倉方は大勝利を収めた。甲斐新左衛門など主要な者の首は舟で小浜を通って京都まで送られ、細川勝元の実検に供したと云う。A文書二点は、この時の感状である。九月十一日には池田清水谷にて池田勘解由左衛門の軍勢と交戦し、孝景の譜代家臣、栂野《とがの》和泉守を戦死させている。

翌文明四年八月七日、西軍の重要な拠点であった府中守護所（現武生市）がついに陥落し、府中衆・甲斐以下が越前国から没落した。B文書は、この時の感状である。ここに朝倉孝景は名実共に越前国主に君臨したことになる。これ以降、孝景の所領（寺社領を含めて）安堵状《あんどじょう》が頻出するのも、これを裏付けるものである。

A去月廿四日於㆓越前国鯖江新庄合戦之時㆒、敵数多討捕之、殊被官人或討死或蒙㆑疵候条、尤以神妙
　候。弥可㆑被㆑抽㆓戦功㆒候也。謹言
　　文明三

閏八月四日　　匠作道顕（斯波持種）

朝倉弾正左衛門尉殿

A今度於㆓越州鯖江并新庄合戦之時㆒、敵数多伐截之旨、注進到来候。仍而同名被官人討死手負及㆓数輩㆒之由、尤以神妙。弥可㆑励㆓戦功㆒候也。

文明三

閏八月九日　慈照院殿様（足利義政）御判

朝倉弾正左衛門とのへ

B今月七日、府中御敵令㆓没落㆒、其外所々凶徒等悉攻落候間、注進到来。忠節之至異㆑于㆑他候。仍而太刀一腰平行被㆑遣候者也。

文明三（四）

八月十五日　道顕（斯波持種）

朝倉弾正左衛門尉殿

C就㆓越前国凶徒出張㆒、去八月八日・同九日被㆑致㆓合戦㆒、敵城光塚・蓮浦両所攻落、親類・傍輩・

被官人等或討死、或手負、及二数多一之由、具以達二上聞一候。御感此事二候。仍而被レ下二御内書一候。

御面目之至候。弥専二籌略一、可レ被レ励二戦功一之由被二仰出一候。恐々謹言

文明五

十一月九日　　貞宗（伊勢）

朝倉弾正左衛門尉殿

D去月十八日於二越前杣山城合戦之時一、得二勝利一、舎弟慈視院・同修理亮、以下親類・傍輩・被官人等抽二軍忠一御敵数多或討捕、或虜レ之、首六十一到来之旨、以二注文一致二披露一候条。御感悦無レ極候。仍而各被レ成二御内書一候。御面目之至不レ如レ之候。弥調二軍儀一可レ被レ励二忠功一之由、被二仰出一候。委曲蜷川新右衛門尉・堤三郎兵衛尉可レ申候。恐々謹言

文明六

二月五日　　貞宗（伊勢）

朝倉弾正左衛門尉殿

E去十六日於二越前国殿一、・桶田口合戦之時一、子之孫右衛門尉致二戦功一、敵数多討捕之首到来。尤以神妙。弥可レ抽二忠節一候者也。

文明六

五月廿五日　御判（足利義政）

朝倉弾正左衛門尉とのへ

E去十六日於㆓越前国殿下・桶田口合戦之時㆒、与力之輩・被官人以下被㆑疵、敵数多討捕之頭到来。尤神妙。弥可㆑励㆓戦功㆒候也。

文明六

五月廿六日　御判（足利義政）

朝倉弾正左衛門尉とのへ

F去十五日於㆓越前国波着山幷岡保等合戦之時㆒、得㆓勝利㆒、千福中務少輔・増沢・甲斐法花院舎弟以下、敵数多討捕之首少々到来畢。戦功之条尤感㆓思召㆒候者也。

文明六

閏五月廿六日　御判（足利義政）

朝倉弾正左衛門尉とのへ

東軍の巨頭、細川勝元が文明五年（一四七三）五月、死去すると、一旦、越前から放逐されていた甲斐氏は、その年八月に反撃に出て来た。八月八日、坂北郡細呂宜《ほそろぎ》郷光塚《ごうこうづか》（高塚）・蓮浦《はすがうら》において加賀から侵入した甲斐勢との間に大合戦が行なわれ、この時、朝倉方武将の栂野隼人が討死した。C文書は、この時の朝倉孝景に対する軍忠状で、貞宗とは伊勢貞宗、すなわち室町幕府の政所執事である。

翌文明六年は必死に反撃を企てる反朝倉勢力との合戦が展開された年である。『当国御陳之次第』によると、正月十八日杣山《そまやま》合戦、五月十六日殿下《でんが》・桶田口《おけたぐち》合戦、閏五月五日敦賀天神ノ浜合戦、閏五月十五日波着寺《はちやくじ》・岡保《おかぼ》合戦の四回が記録されている。D文書は杣山合戦に対する軍忠状であるが、孝景の弟、慈視院光玖《じしいんこうきゅう》や朝倉修理亮《すけ》景冬らが戦功を上げ、敵の首六十一を京へ送ったことがわかる。なお杣山合戦については、『朝倉始末記』の中で年号を寛正六年と誤記はしているが、詳細な合戦記を伝えている。殿下・桶田（現在福井市河増町）は福井市東方の部落、波着寺・岡保はさらにその東方の地名である。波着寺は現在成願寺部落の背後にあった真言宗の寺院で、朝倉時代には非常に繁栄した寺院である。E文書二点は、将軍足利義政から下附された殿下・桶田口合戦に対する軍忠状で、朝倉孫右衛門尉氏景が特に戦功のあったことが記されている。F文書は、これも将軍から下附された波着山・岡保合戦に対する軍忠状で、敵の千福中務少輔・増沢・甲斐法花院などの首が京へ送られたことが記されている。

『真盛上人往生伝記《しんせいじようにんおうじようでんき》』に、次のようなことが記されている。真盛上人が延徳四年（一四九二）五月五日から岡保の西光寺で病に臥《ふ》していた時、七日に文室の前に小紋の肩絹、四行の袴《はかま》を着た一人の俗士が現われたので、何の用かと尋ねたところ、私は二十年ほど前に、この近くの大畔縄手《おおくろなわて》で誅伐された亡魂である。念仏回向《えこう》をしてもらって修羅道《しゅらどう》の苦しみから免がれたいと申したので、十念を授けたらたちまち消え失せた。その後、案内者に尋ねたところ、以前ここで合戦が行なわれ、甲斐方の者が多く討たれたと云うことなので、大畔縄手に卒塔婆《そとば》（供養塔）を造立して西光寺で百万遍の回向をしたというのである。延徳四年より二十年ほど前と云うと、ちょうど文明六年の波着寺・岡保の合戦に相当する。岡保の大畔縄手は西谷・次郎丸・大畑にまたがる地籍で、波着山の北西山麓一帯に当たる。

『大乗院寺社雑事記』文明六年閏五月十五日条の「越前国へ甲斐が打入って、崩川（九頭竜川）の朝倉方防禦線を突破して、朝倉居城の一乗谷にせまる足羽川北岸一帯において行なわれた合戦」と考えられる。なお〝敦賀天神ノ浜合戦〟についてだけは傍証史料がない。

大野郡の平定

文明三年五月廿一日、朝倉孝景へ将軍義政から越前国守護職補任の御内書が下附されると同時に、斯波義敏へも細川勝元から「わけがあって孝景に守護職を仰付けたから、孝景が合戦を始めても、其方は出張するな、二宮将藍に対してだけ計略を進めるように」との内容の書状を送った。当時、義敏は越前大野郡佐開《さびらき》という在所に居館していた。現在大野市佐開にある神明山城跡がこれに当たるものと見られる。ここに孝景の東軍帰陣によって義敏と孝景は同陣営となったわけであるが、細川勝元からこのような書状を受け取った義敏は心穏やかならぬものがあったであろう。『安位寺殿御自記』文明三年十月の書状の中に「義敏はまだ朝倉とは一緒になっていない。義敏の内者共（家臣達）は朝倉に従ったようだが……」と伝えているように義敏は孝景に対して強く反目し、共同戦線を張ろうとはしなかったらしい。

さて、ここで斯波義敏が大野郡に逼塞《ひっそく》していた歴史的背景を考えてみたい。すでに述べたように、義敏は支族の斯波修理大夫持種の子から本家の斯波家の家督を継承したのであるが、持種は斯波義将の弟の義種・満種・持種と相承している。義種は加賀国守護職に補され、応永十五年（一四〇八）五十七歳で卒した後、満種がこれを継承したが、応永廿一年六月、将軍足利義持の怒りに触れて京都を没落し、高野山に遁世してしまったので、加賀国守護職は富樫満春《とがしみつはる》・同満成《みつしげ》に改補された。斯波義種以来、加賀国守護職の他、越前大野郡も同時に領有していたらしく、父の満種は失脚しても、その子持種は幾多の軍功を立てたため、越前大野郡だけは安堵されたようである。従って持種を大野修理大夫とも呼び大野郡代の地位にあったらしい。一方、二宮氏は加賀国守護斯波氏の守護代として抬頭し、斯波氏の大野郡領有と共に二宮氏もここに移って大野郡を本貫として勢力を伸ばしてきたようである。斯波義敏は、このような父祖伝来の地、大野郡を本拠地として朝倉氏に対抗したのであろう。

先の細川勝元の書状が義敏に送られた時、朝倉孝景からも使者を遣わして義敏の意向（孝景の義敏擁立か）を求めたところ、思案してみるということで義敏が回答をにごしたため、孝景は止むを得ず義敏の父持種と子の義良《よしすけ》を擁立して反朝倉勢力に当たらざるを得なかった。「英林書付」（『朝倉家記』）に「義良はまだ幼少ではあったが、大切にしていたので、祖父持種の方へも合戦につき詳細に注進をしている」のだと述べている。前年、敗北して苦境に立たされた朝倉方が、急に勢力を挽回でき得たのも、恐らく斯波義良・持種を擁立でき得たことと関係があったのではないかと考えられる。

さて、越前国の中原は文明六年までに孝景によってほぼ平定され、残す所は二宮氏の拠る大野郡だけとなった。そこで『英林書付』に「惣国の敵を大野郡一ヵ所へ追籠めて、根絶すべき覚悟」とあるように、翌文明七年（一四七五）から、いよいよ孝景の大野郡攻略が始まるのである。文明七年二月十四日夜、まず大野郡犬山城夜討が行なわれ、印牧《かねまき》広次が功名を馳せている。そしてその年の七月十六日斯波持種は犬山城で死去したらしい。恐らく戦死であろう。犬山城南麓の鍬掛《くわかけ》村曹洞宗洪泉《こうせん》寺はこの持種を開基として創立されている。

一方、守護代甲斐氏は、長禄三年（一四五九）八月十二日甲斐将久（常治）の死去によって、衰亡の一途をたどったことは、すでに述べた。将久の死後、その子敏光が越前国在陣中であったため、一時その子の千喜久丸に守護代が補任されたが、間もなく敏光が守護代職を回復する。しかし寛正四年（一四六三）十一月から同六年八月三日までの間に、守護代職は、再び千喜久丸（千菊丸）に委譲され、後に元服して信久と名乗っている。そして応仁の乱へと突入するのであるが、文明四年八月七日の朝倉氏の府中攻略の際、甲斐信久は若年にして戦死し、その後、再び父の敏光が家督を回復したらしい。ところが、文明六年閏五月十五日朝倉方に敗北した甲斐敏光は京都へ上って斯波義良を擁立し、その年十二月東軍へ寝返った。そして翌七年二月には遠江国の守護代に任ぜられている。甲斐氏の東軍帰属が決定すると、西軍側は朝倉氏の西軍復帰を強く勧誘してきたらしいが朝倉はこれを断っている。

しかし、この甲斐氏の東軍寝返りは朝倉氏の大野地方平定事業にも重大な影響を及ぼしてきた。今まで中立を保って佐開を動かなかった斯波義敏は、甲斐と協調しながら反朝倉態勢を固めたのか、文明七年四月十日の夜、急に二宮氏の本陣である土橋城《つちはしじょう》へ入城してしまった。朝倉方としては、直ちに土橋城を四方から攻め落す軍略であったものが、義敏の入城によって手はずが狂い、土橋城を遠巻きに攻めて近辺の麦を刈取るだけで帰陣する有様であった。この義敏の行動に対して孝景は非常な憤りを覚えたらしく、「朝倉申状」（『朝倉家録』）に「同七年四月、取巻候大野土橋之城へ義敏被レ入候テ、此方浮沈サスヘキ支度現形ニ候、不レ及レ力候」とある。

その後、山内加賀守らをもって、「敵城へ入ったことはよろしくない。元の如く佐開へ帰られるように」と義敏に交渉したが、承引がないので、止むを得ず、七月二十三日、城中の敵勢を井野部庄まで誘い出して合戦をし、二宮将監・同弟駿河守ら百五十人を討取った。次のGの伊勢貞宗書状は、これに対する感状である。

G去廿三日於二大野郡野部合戦之時一、得二勝利一敵数多被二討捕一内、二宮左近将監・同弟駿河守・甲斐太輔坊等首三、京進之旨、令二披露一畢。尤以目出候。次先日承候御下知、申沙汰候事、不レ可レ有二疎略一候。御計略可レ為二簡要一候。委細猶両人可レ申候。恐々謹言

文明七

七月廿日　　貞宗（伊勢）

朝倉弾正左衛門尉殿

しかし義敏が土橋城に入城している以上、合戦は土橋城外だけでしか行なえなかった。このため、孝景は次のようなことを幕府に申し入れたらしい。「義敏が将軍の御下知に背いて敵城に籠ったことに対して、いろいろ交渉しても、なかなか佐開へ帰館されない以上、土橋城を攻め落すべく総攻撃をかける以外にない。敵も味方も猛勢であるため、少しもおろそかにはしない（十分注意はする）が、必ず、思いがけない事態（義敏の戦死のことか）になるかも知れない」。これに対して十月九日（十九日の誤まりか）、将軍義政から次のような御内書が堤三郎兵衛尉を使者として、孝景に下附された。内容は「義敏に対しては敵城から退去するようにとの内書を遣わしてあるが、とにかく、彼一身（義敏のこと）については無事であるように取り計らってほしい」、と云うことであった。さらに、幕府奉行人、松田丹後守秀興も、やはり義敏の無事を計るように命じた書状を孝景に送っている。

このようにして、義敏は将軍から敵城退出を命じた御内書を受けていながら、佐開からの供衆だけを引き連れて出城すべきところを、二宮も共に召して出城するなどと、不当な条件を持ち出すため、

孝景はどうにも我慢ができ得ず、十一月三日、一斉総攻撃をかけた。このため義敏も十二月三日、ついに折れて、土橋城から出城したので、孝景は諸般の準備を整えて、義敏を上洛させた。この後二宮党も国外へ追われたらしく、『大乗院寺社雑事記』文明十二年四月七日条に「慈心院ハ大野ヲ持堅」とあるように、孝景の弟、慈視院光玖が大野郡代に君臨したのである。

斯波と朝倉との決戦

応仁の乱も文明五年（一四七三）山名持豊と細川勝元の両巨頭が相次いで没すると、ようやく慢性的となり、在京の諸将も合戦にあき、帰国する者も現われた。西軍の大内政弘が義政と和して帰国し、義尚も将軍職を継ぎ、文明九年十一月、十一年間にわたる中央の戦乱は終わりを告げた。

文明六年十二月、甲斐氏が東軍へ帰陣して、朝倉氏と同陣営となったが、ここに越前を武力で平定した朝倉氏と、越前を追放された形の斯波義敏・甲斐氏・二宮氏らとの間に新しい対立関係が生じた。初め朝倉氏に擁立されていた斯波義良も成長するに従って同じ利害関係を持つ甲斐氏と結ぶようになったらしい。祖父の斯波持種が文明七年七月十六日、越前大野郡犬山城で死去し、父の義敏も同年十二月越前から上洛すると、義良は完全に反朝倉態勢を固め、同八年九月には近日中に朝倉退治のため越前へ発向する（『親長卿記』）と云う意志を表明している。

斯波義良の越前侵攻は、その三年後の文明十一年に至って実現する。『晴富宿禰記』『管見記』『後法興院政家記』『長興宿禰記』『大乗院寺社雑事記』など、中央の公家達の日記は、文明十一年九月四日、斯波治部大輔義良・同孫三郎義孝らが甲斐・二宮を引具して朝倉退治のため越前へ進発したことを一斉に伝えている。その出陣の名目は、「応仁の乱が静まった後も朝倉孝景父子、及び兄弟一族が公領や荘園を不法に押領して、越前一国を自分の思うままに支配しているので、これを退治するための進発だ」としている。当時、地方に家領を持つ公家・寺社等は、越前へ進発する斯波義良らを実に頼もしげに見送ったことであろう。

斯波義良・同義孝らは同年十一月朔日に豊原へ入部し、四五日遅れて二宮氏らは大野郡平泉寺に入部した。このため豊原寺も平泉寺も朝倉方に味方した法師達は自滅したと伝えている。同二十一日には金津城が夜討され佐々生《ささお》光林坊《こうりんぼう》・井上弥五郎らが討死し、大瀬千光坊・塚原の宇野らが手柄を立てている。

越前における斯波と朝倉氏との本格的な合戦は、翌文明十二年に入って展開された。『長興宿禰記』や『雑事記』の記事を総合すると次のようである。六月、朝倉方の平泉寺衆徒大聖院・玉泉坊等が討たれ、七月十一日朝倉方の長崎城陥落、同十二日朝倉氏景の持分城の金津城・兵庫城・新庄城陥落、朝倉方の構城は九頭竜川以北では四五ヵ所しか残らないという惨敗になった。しかし八月廿八日の合戦では、甲斐方が千余人も討死している。『当国御陣之次第』も次の様な合戦のあったことを伝えている。同年七月六日本江合戦（坂井郡川西の本郷か）。七月十七日清水山合戦（丹生郡清水町）。八月廿八日芝原合戦。芝原は吉田郡柴原郷（松岡町）で九頭竜川岸の合戦であろう。朝倉孝景の子、小太郎教景（以千宗勝）が十九歳で大将として出陣している。そして朝倉孝景は斯波・甲斐らとの対陣中の文明十三年七月二十六日、腫物《はれもの》を患って五十四歳の生涯を閉じた。

しかし初戦においては敗色が濃く、九頭竜川以北にまで侵攻されて苦戦を喫した朝倉方も、次第に勢力を挽回して、孝景の死後二ヵ月で朝倉方は完勝した。『雑事記』文明十三年九月廿四日条に「越前国は朝倉方が打ち勝ち、甲斐方並びに屋形方（斯波氏）の者は今月十五日越前国から悉く加賀国へ没落してしまって、一人もいなくなった。豊原寺も平泉寺も心替りしてすべて朝倉方の味方となった」とある。ここに斯波義良や甲斐氏らを国外へ追放した後、朝倉氏は、もと西軍の将であった斯波義廉の子を越前屋形として迎え入れ、十一月十日越前に入国している。その後斯波義良は、加賀から再三にわたって越前侵攻を試みているが、その不可能を知ったのか、文明十五年三月十九日越前を諦《あきら》めて、尾張に下向していった。その直後、斯波義廉との間に和与が成立したのである。

孝景の人物像

孝景は幼名を小太郎、孫右衛門尉と称し、後に弾正左衛門尉となった。実名も何回も変わり、元服後、教景を名乗ったようであるが、壮年期の数年間敏景と変わり、後再び教景に戻り、さらに孝景と改名した。『朝倉始末記』などが敏景を強調したことから、従来は一般に敏景の名で知られてきたが、彼が歴史上に頭角を現わしてから以降、晩年までは孝景であったから、孝景と書くのが歴史的に正しい。ただ曽孫の孝景と混同する恐れがあるので、これを区別する場合は英林孝景とすべきであろう。

なお一説には将軍義政の〝政〟の字をもらって「政景」と改めたとするが、これにはまったく根拠がない。

孝景の人となりについては、『朝倉始末記』に「孝景は幼童の時から才智が人より勝れていて、昼は軍士を集めて弓馬合戦の奥義を学び、夜は達人を招いて神仏儒道の至論を考え、成長するに及んで智仁勇の三徳を備え、善悪を正してよく人心に応えたので孝景が天下の政務を行なうことを願わぬ者はなかった。また、主従の水魚の交わりは、家来の孝景に対する忠誠を高め、その威風になびかぬ者はなかった」と記されている。中興の祖とも云うべき孝景に対しては死後、十三回忌や三十三回忌の大法要が営まれ、その時孝景を偲《しの》んで書かれた香語《こうご》（天隠竜沢の「英林居士十三年忌香語」、月舟寿桂の「前霜台英林居士三十三年忌陞座」など）や氏景・光玖らが求めた孝景の肖像に対する賛の中などに孝景の人物像が書き残されている。すなわち「三十三年忌陞座」によると、孝景は仏教を保護し、公務多忙の折でも毎日観音経を誦し、病気の時でも人に誦させ、特に清水寺千手観音を信仰し、さらに般若経をも書写し、その筆勢は「翩々、鳥飛蛇驚」の如くだとある。また敬神については特に神明を尊崇し、毎月人を遣わして伊勢神宮に参詣させ、さらに八幡宮をも尊崇して、神兵の援けを求めたという。孝景は神仏のみならず、儒教にも心を入れていた。「三十三年忌陞座」には兵法の書である六韜《りくとう》三略《さんりやく》を学び、礼楽を問い、論語や孟子を読破していたことを窺わしめ、また「十三年忌香語」に「英林雄公居士、文を克《よ》くし、武を克くし、義有り、仁有り」と評して儒教の根本思想である「仁」を孝景は強く打ち出していたことを知ることができる。彼の文芸生活としては連歌があるが、これは別項に譲りたい。

孝景は文明十三年の三月頃、すでに発病していて、四ヵ月後の七月二十六日にこの世を去った。法名は一乗院殿英林宗雄居士。腫物に患っていて甲斐との対陣中に亡くなったが、孝景が亡くなれば朝倉氏にも危機が訪れるだろうと中央では観測していた。朝倉氏にとっては偉大な中興の祖と考えられていても、当時中央の公家達は庄園侵略者の筆頭と考えて憎んでいたらしく、『親長卿記』などには孝景の死を記し、彼を天下の悪事の張本人だとして彼の死は大変喜ばしいことだと書き加えている。

孝景には側室を含めて、何人かの妻女があったと思われるが、正室は法名を「桂室永昌大姉」と呼ぶ人であった。京都の人で、その先は若狭に住し、温科《ぬくしな》氏の出であったが武田氏の重臣逸見《へんみ》氏の養女となり、孝景の妻に迎えられた。「義を好んで倔強《くつきよう》、身を修めて謹厳、閨閣《けいかく》の中に在っても克《よ》く家国之政《まつりごと》を佐《たす》けた」女丈夫であった。孝景に遅れること三十九年後の永正十七年（一五二〇）四月二日に没しているから、孝景とは恐らく二十歳前後年少であったろう。永昌大姉は浄土宗門にも帰依したが、元来朝倉氏は禅宗であるので、彼女の生前に東郷に曹洞宗永昌寺を建立した。当寺にその子教景宗滴の位牌もある。

2　朝倉氏景時代

氏景は、孫次郎、孫右衛門尉と称した。英林入道孝景の嫡男である。幼少の時から器量骨柄人より勝れ、丈が高く肥えており、色が黒くてたくましい大柄な人物であったらしい。すでに述べたように、父孝景と共に越前平定に力を尽くし、孝景の亡き後、二代越前国主となった。

父の孝景を初代越前国主としながらも、孝景一代で完全に越前国が平定されたわけではなかった。文明十三年（一四八一）三月、孝景が腫物（腫瘍）で患っていることが中央へ伝わり、もし孝景が死んだら、朝倉氏の支配体制も崩れるだろうと深刻に噂されていた。この年七月廿六日、斯波義良・甲斐との対陣中に孝景は死んだ。しかし、孝景の跡を継いだ氏景は慈視院光玖・下野守経景・遠江守景冬らの叔父を始めとした朝倉一族の強力な団結のもとにこの難局を切り抜けて、九月、朝倉方を大勝利に導いた。朝倉政権に対して強固に反対し続けていた旧仏教勢力の豊原寺や平泉寺も心替りしてすべて朝倉氏の味方となった。翌十月には、美濃国守護代の斎藤妙純の調停によって斯波義廉の息（子息）を名目的な主人（守護分か）として戴き、ここに主従関係を結んだ。そして十一月、氏景は幕府に対して代替りの御礼を行っている。孝景の跡、氏景が実質的な越前国主を継承したことを内外に示したものといえよう。

この頃、朝倉氏の居城の地、一乗谷はすでに越前国の中心として発展しつつあったらしい。『大乗院寺社雑事記』文明十四年閏七月十二日条に「去三日昼八時より朝倉館一乗大焼亡、自火也云々、随分者共焼死云々、但屋形並朝倉城ハ無為云々、甲斐方屋形以下牢人、自加州又可打入之由、近日支度云々」と記されている。一乗谷が大火となって、多数の人々が焼死したこと、屋形（斯波義廉の息の館か）と朝倉城は無事だったこと、そして、このどさくさに斯波義良と甲斐が加州から越前へ攻め込む支度をしていることを伝えているが、これは実現しなかったのであろう。

このように、着々と固められた朝倉体制の越前国に見切りをつけたのか、文明十五年（一四八三）三月、斯波義良が越前を捨てて、尾張の織田敏定の許《もと》へ去り、翌四月、甲斐と朝倉氏が和睦して、越前国守護代朝倉氏、遠江国守護代甲斐氏、尾張国守護代織田氏ということで、斯波義廉との間の治定が行なわれた。しかし、この和睦によって取り残された甲斐党の牢人達は翌十六年十一月、一向一揆をかり立てて、加賀から越前に侵入し、坂井郡で朝倉氏と対陣したが、これも加賀へ追い返されてしまったらしい。

氏景は、治世わずか六年にして、文明十八年（一四八六）七月四日死んだ。法名を子春宗孝大居士。ところで、氏景が死んだ時の年齢を『朝倉始末記』では二十八歳と記しているが『大乗院寺社雑事記』や『蔗軒日録』には三十八歳とあり、『始末記』とは十年の開きがある。当時の史料を検討してみると、後者の三十八歳の方が正しい。すなわち『大乗院寺社雑事記』によれば、文明三年氏景が西軍の山名方で大酒に酔い、その帰途、東軍の細川方の陣に入って将軍足利義政に面謁《めんえつ》したとあるが、『始末記』の年齢から逆算すれば、氏景は当時十三歳にしかならないし、また、氏景の子、貞景は文明五年に生まれており、これも『始末記』からすれば、氏景の十五歳の時の子となって不自然であり、死没時の年齢を三十八歳と考えた方が矛盾しない。従って、氏景の誕生も『始末記』のいう長禄三年(一四五九)は誤りであり、宝徳元年(一四四九)生まれが正しく、孝景二十三歳の時の嫡男である。

3 朝倉貞景時代

長享元年の朝倉氏と斯波氏との訴訟

貞景は、氏景の嫡子で文明五年(一四七三)二月五日誕生。童名は孫次郎、後に弾正左衛門と名乗った。父氏景が文明十八年(一四八六)に亡くなると、貞景は十三歳の若年で三代国主になったが、父の叔父、慈視院光玖の後見のもとに、着々と国主として成長していった。若年の国主、貞景にとって、最初の試練は、翌長享元年(一四八七)の将軍足利義尚の近江出陣に端を発して起った斯波氏と朝倉氏との間の越前国宗主権をめぐる訴訟問題であった。

長享元年八月、将軍足利義尚は近江の六角氏討伐を目的として在国の諸将に出陣を命じた。応仁・文明の大乱以来、将軍家の御料所や幕臣の所領を始め寺社領荘園が六角高頼によって横領されていたため、これらの返還を要求する幕臣や寺社本所の願いを入れた結果であったが、これにはさらに義尚の将軍としての権威を天下に誇示することもそのねらいであった。九月十一日、伊勢備中守貞陸がその先触れとして、騎馬百余騎、軍兵数千を召具して江州坂本へ下向し、翌日、将軍義尚が近習番衆輩数千人を前行して出陣が行なわれた。『常徳院江州動座当時在陣衆著到』によれば、公家・法中《はっちゅう》を始め、御供衆各番衆などの名は四百六人を数えることができる。

この召に応じて尾張国からは斯波義寛《よしとお》（義敏の子、文明十七年四月、義良を義寛と改名）が数千騎の軍兵を召具して、十月五日坂本に着陣した。一方朝倉氏もこれに応じて、十月十九日、一族の朝倉修理亮景冬を坂本に参陣させたのである。

ここに足利義尚の坂本出陣を契機に、越前国の主権をめぐって犬猿の間柄であった斯波氏と朝倉氏が共に呉越同舟の形で、期せずして坂本に着陣することになったわけである。斯波義寛としては、朝倉氏と味方になって同一目的で共に戦うことは当然忍び得ないことであったろう。元来、足利義尚の六角征伐が寺社本所領を回復して、応仁・文明の大乱前の状態に戻すことがその名目であったから、斯波氏も応仁・文明の大乱によって越前を朝倉氏に横領されたとの意識のもとに、越前国の主権回復を将軍にせまったものと考えられる。と同時に、斯波氏と共に越前を追われ、遠江へ逃げていた形の旧守護代の甲斐氏が朝倉氏坂本出陣のすきをねらって越前へ攻め入る計画さえもあったのである。

しかし幕府としては誠に迷惑な問題であった。当面の敵、六角氏を目前にしながら、理を通した最も痛い内紛が幕府側の内部にも起ったわけである。そこで朝倉進退について斯波義寛を宥《なだ》めて欲しいと、大乗院尋尊にその斡旋を依頼すると同時に、甲斐氏の越前侵入は幕府によって停止を命ぜられた。そして、越前については斯波氏と朝倉氏とが和与すべきであると将軍の上意が下り、朝倉進退に関して一旦落着したかのように見えた。十二月二日には朝倉進退に関しての幕府の沙汰書が斯波・朝倉両方に出されたのである。すなわち越前国の事は朝倉氏の忠節に免じてその分国を認め、国事については、朝倉から斯波氏へ名代を出して、その名代を守護代として、国の公用銭を定め落着するようにとの上意であった。

これに対して斯波方からは十二月十一日、次のような返書が尾張国守護代の織田大和守敏定を通じて幕府奉行人飯尾に差し出された。「このたびの幕府の処断は上意とはいいながら思いもかけぬことである。文明三年朝倉氏を御味方、即ち東軍に寝返らせたのは、龍安寺殿（細川勝元）が敵をあざむくための計略であったに過ぎない。その朝倉（孝景）は死去してしまったのに、そのまま氏景・貞景と相続して公方奉公（将軍に直接仕えること）するとは誠に思いもかけぬことである。まさしく斯波家の被官である朝倉が殿中（幕府）で奉公する日に、どうして斯波氏が同時に出仕できようか。この様な例が三管領の中、斯波家から起ったことは誠に口惜しいことである。このたびの坂本出陣は、世の中の道理に従って応仁・文明の大乱以前の状態に回復するためのものなのに、幕府の裁定の結果は思い通りにならなかった。これは当方の力が及ばなかったからであろうから、越前国主権の回復は時節を待つとしても、朝倉が殿中へ出仕するということだけは斯波家として面目まる潰れで、到底我慢できない」。

以上が織田敏定を通じての斯波氏からの幕府への回答である。文中〝殿中出仕〟とあるのは京都室町第への出仕を意味するものではなく、坂本出陣した朝倉景冬が坂本在陣の将軍義尚への出仕を指すものではなかろうか。斯波義寛としては、この朝倉と同等の立場で出陣し、将軍に出仕することが体面上耐えられなかったに違いない。一方、越前国主朝倉孫次郎貞景が一万と云う大軍を率いながら、敦賀に待機したまま動かなかったのは、このような紛争が起った結果、斯波氏との直接の摩擦を避けるためだったからであろう。

この斯波方の訴状に対して、朝倉方の反論が九項目にわたって連綿と書き綴られ、十二月二十四日坂本へ届けられた。そして管領細川政元の有力な武将で、丹波国守護代を勤める上原豊前守へ提出された。上原氏を通じて細川氏へ達せられたものであろう。この九項目にわたる訴状は、すでに朝倉孝景の節で「朝倉申状」として紹介されているので、ここでは詳細は省略するが、「大変恐れ多いことだが、ここで申し上げなければ孝景と共に忠節を尽して討死した親類被官の者の子孫達に申し訳ない」と云う書出しに始まっている。初めの三項目を要約すると、

一、文明三年東軍に帰参して以来の朝倉方の軍功は斯波氏を通じて細川勝元に注進されたとあるが、そんなはずはない。（要するに、朝倉と斯波〔義敏か〕とは無関係であることを強調）

一、東軍帰参の際、氏景が斯波氏へ挨拶もせず越前へ下ったのは、長禄二年合戦の際、以後義敏を主君として認めないという誓約をしているからだ。

一、細川勝元が武略によって朝倉を召したのだというが、朝倉の武勲忠節は紛れもないことで、義敏の方こそ敵方の甲斐・二宮を引き入れて当方を攪乱《かくらん》した。その罪は歴然たるものである。

次に後半三ヵ項目では朝倉の先祖に言及している。すなわち朝倉は斯波の被官人のようにいわれているが、二代高景・三代氏景は将軍足利高氏からそれぞれ父子に高氏の一字ずつを拝領して命名されたものであり、この頃は将軍の直奉公分であった。それが三代義満の頃から斯波氏の被宮人のようになってしまったのだと述べ、『太平記』を引き合いに出したり、高景置文などを証拠文献として提出したりしたらしい。これら八項目にわたる訴状の文面には、斯波義敏の非道を糾弾し、同時に朝倉が将軍の直奉公分たらんとする必死の弁明が盛り込まれている。

以上のような朝倉方の綿々として述べられた訴状が効を奏したものか、年末には次のような幕府の裁決が朝倉氏へ届いたらしい。

一楠葉新右衛門尉元次参申、旧冬二十九日自北国罷上云々、朝倉進退事公方奉公分治定、千貫進上申之、寺社本所領悉以返進之、必定々々、武衛与間事ハ不一決云々、細川申沙汰也、名字者一人可出細川之由、同申定云々（『寺社雑事記』）

つまり朝倉進退のことは①朝倉氏は千貫文を進献して公方奉公分ということで治まり、②寺社本所領は返還する。③斯波・朝倉との間の越前宗主権をめぐる問題は未決。④細川氏の申沙汰により朝倉名字の者、一人を人質として細川へ差し出すことで一応の決着をみたようである。ここに斯波氏が最も恐れていた朝倉氏の直奉公分が、幕府によって公認されたのである。

当時、戦乱をよそに東山山荘の造営を続けていた足利義政は、この翌年、すなわち長享二年二月、仙洞御所の松を東山山荘へ移植するのに、朝倉修理進景冬をその任に命じた。これに従事した朝倉衆は約三千人、警固の衆は甲冑を着た武者五、六百人いたという。そして景冬は将軍義政に対して三千疋《ぴき》を進献した、と『蔭涼軒日録』は伝えている。公方奉公分として朝倉に有利な決着をみた訴訟に対する御礼の手伝普請であったのだろうか。朝倉の威信を示す意気揚々とした状況を偲ぶことができる。

次にこの幕府裁決の中で注目すべきことは〝朝倉名字者一人人質として細川に出す〟ことである。この折、人質になったのは朝倉景冬の子息、景豊ではなかったろうか。これは後にも述べることだが、当時越前を没落して細川政元に身を寄せていたという朝倉元景（景総）の娘が景豊の妻となっているのも、この辺の事情を窺わしめるし、十余年後に起った文亀三年の景豊・元景の反乱も細川政元の勢力を背景として行なわれたからである。

延徳三年の朝倉氏と斯波氏との訴訟

延徳元年（一四八九）三月二十六日将軍義尚が死去し、その後一時将軍職に復帰していた義政も翌延徳二年正月七日義尚のあとを追うように他界すると、応仁の乱で西軍に擁立されていた義視・義材《よしき》父子が没落地の美濃より上洛して、延徳二年七月五日義材（義植）は第十代の征夷大将軍に任ぜられた。

晴れて将軍職についた義材にとって最初の課題は前将軍義尚の遺志を継いで、近江の六角氏を征伐することであった。翌延徳三年正月七日将軍の父義視が五十三歳の生涯を閉じて、その百ヵ日も経ない間に将軍の江州御動座が噂されている。江州出陣は七月に内定し、その綸旨《りんじ》を賜わったのは八月二十五日であったが、すでに早く八月七日将軍義材は征伐の途についていた。義材に従った軍勢は「数万人なり」とも「常徳院殿御出陣に百倍なり」ともいわれ、先の将軍義尚の近江出陣のそれをはるかに凌《しの》いだ。

尾張に在国していた斯波義寛も将軍の出陣一ヵ月前の七月二十五日に勢三千を率いて京都に向かった。前回とは異なり今回の近江出陣に際しては朝倉氏の参陣はなかった。勿論斯波氏との衝突を避けるためであったのだろう。しかしながら〝朝倉進退〟に関する問題は近江出陣と前後して再燃した。先に長享二年正月、斯波氏の屈辱の中に〝朝倉進退〟は一応の落着を見たとされたが、その後義尚・義政の死去と新将軍の襲職によって事態は好転、または白紙に戻ったと考えた斯波氏からの再工作があったからであろう。

今回の斯波・朝倉の訴訟問題を実際に取り扱ったのは、浦上美作守則宗であった。侍所所司の赤松政則の被官として所司代に任ぜられていたからであった。彼は文明三年朝倉孝景の東軍帰参に深く関与していた人物であるから、この訴訟を取り扱うにはふさわしいし、朝倉にとっても大変好都合であった。従って斯波方は前回とは異なり、悲愴な心情で訴訟にのぞんだであろうが、勿論結果はうまく行かなかったらしい。延徳三年五月三日の浦上美作守宛の斯波方織田敏走の返報にも、「いろいろ御尽力はしてもらっているようだが、承ったところではなかなかうまく行かないとのこと、是非もない。所詮《つまり》は御訴訟を取り下げねばなりますまい。将軍の上意が出された上は、各々、覚悟はしている」と述べている。

訴訟がうまく行かないのなら、実力戦あるのみということだろうか、七月には甲斐氏の越前進攻が計画されたらしい。そして斯波方の必死の工作が実を結んだのか、十月十一日には越前国朝倉孫次郎貞景退治の御内書が将軍から斯波義寛《よしとお》に下っている。義寛は喜び勇んで礼謝のため義材の陣中に参向し、御太刀御馬折帋《おりがみ》（紙）などを献じた。そして、将軍義材の越前討伐のための動座までが噂された。しかし六角征伐ですら厭戦《えんせん》気味の諸将にしてみれば、越前動座はさらに迷惑この上もなかったことであろう。

このためであろうか、この六日後の十月十八日に、浦上美作守や上原氏父子によって越前に関する五ヵ条の調停案が出されている。その骨子は、越前は朝倉、尾張は織田、遠江は甲斐による支配権を認めることであった。応仁大乱後の越前・尾張・遠江の守護代という形での措置については、既に文明十五年氏景の時代に決定を見ているが、これは斯波義廉との間の治定であったから、今回は斯波義敏の息義寛との間の問題として再燃したものと解し、従来の既成事実を改めて法文化する形で、このような調停案が示されたものであろう。従って以上三ヵ条は一応問題がないとしても、残り二ヵ条が朝倉氏にとって承伏できないものがあったと考えられる。すなわち二宮氏の越前大野郡の所望である。二宮氏は応仁以前、大野郡司斯波持種の下にあって大野郡に勢力を扶植してきた豪族であったから、二宮氏の大野郡回復は当然のことであった。しかし大野郡は既に慈視院光玖を郡司として朝倉氏の領国支配体制の中にあったから朝倉の到底容認できるものではない。また最後の条項は、貞景の武衛への伺候、すなわち斯波義寛への挨拶後に、将軍への望（直奉公分か）が実現できるよう取り計らおうというのである。これは、斯波氏の強い要望であったと考えられるが、貞景の武衛への伺候は、つまりは斯波氏を主君として認めることを意味し、これまた朝倉氏の容認できなかった条項と考えられる。一方、上原氏案は先の浦上氏のものよりも朝倉氏に同調した形の調停案となっている。すなわち朝倉の越前支配権を従来通りに容認し甲斐氏・二宮氏の越前競望を停止せしめ、公方奉公分の実現に努力しようというものであった。両者の調停案はそれぞれ斯波・朝倉両者にとってもお互いに容認できない点を含んでいたからであろうか、この調停案は不調に終ったらしい。そして越前征伐が噂された。

翌延徳四年（一四九二）二月、六角高頼がついに敗北して関東へ逃亡すると、次は越前朝倉征討問題が深刻となってきた。このままだと朝倉にすれば、六角氏と同じ運命をたどることになる。朝倉は必死に越前支配権の容認を求めた。三月八日、二十九通に上る将軍御内書や管領副状その他の実書に、英林書付を添えて幕府に提出した。そして『蔭涼軒日録』の四月十日条によれば、この訴訟問題はついに朝倉方の勝訴に終ったらしい。以後、この訴訟問題に関する記事はすっかり影をひそめる。

これは、浦上氏の裁決で決定的となったとは考えられないが、少なくとも、事態が次第に斯波氏にとって不利となってきたことは事実である。斯波氏が朝倉治罰の御教書《みぎようしよ》を賜わりながら、実際に軍兵を動かせなかった背景には、朝倉氏の越前領国支配がほぼ浸透して、軍兵一万をも動員できる強力な軍事力を保有していたことが、第一の理由であろうが、同時に越前回復を執拗に企てていた甲斐八郎次郎が、恐らく朝倉氏指廻《さしま》わしの暗殺者によるのか、四月十七日討たれていることも関係があるかも知れない。一方、斯波氏が出陣するとすれば、当然従軍しなければならない立場の織田大和守は越前征討にあまり乗り気ではない。このような周辺の空気にも流されて、斯波氏の朝倉治罰は、ついに実現されなかったものであろう。

長享元年に始まって延徳四年まで約六年間、二回にわたって大きく争われた越前国宗主権問題については、わずか十四歳の若年の国主貞景を甘く見た斯波方の誤算であった。武力でもって勝ち取った越前国支配権は朝倉一族によってがっちりと固められていた。この既成事実を幕府も斯波方も今となっては崩すことのできないものになっていたのである。

美濃舟田合戦と朝倉氏

延徳三年（一四九一）四月五日、美濃国守護代斎藤利国《としくに》（持是院妙純）の娘（十三歳）が朝倉貞景

（当時十九歳）に嫁した。美濃からの附人は騎馬五騎・走衆三十人、輿《かご》十丁、長持・唐櫃《からびつ》数十合であった。これらの附人に対する朝倉方の引出物は、騎馬衆には各々太刀一振と銭五十貫文、走衆三十人には各々五貫文ずつ、中間・小者・輿かき等には勘定の及ばないほどの銭であった。婚礼の盛時は二十日間に及び、朝倉方の婚礼費用は実に二万貫であったと『大乗院寺社雑事記』は伝えている。美濃と越前とのまさに政略結婚であった。

応仁・文明の大乱の時、美濃国守護土岐成頼は在京し西軍側にあって、多いに活躍が可能であったのは、在国していた守護代の斎藤妙椿《みょうちん》が名将であって、留守の美濃国をよく守り得たからであった。これを契機に斎藤氏はその勢力を美濃国に拡大し、その実権を掌握した。妙椿は文明十一年（一四七九）家督を養子の利国にゆずって死去した。守護家の重鎮であった妙椿が亡くなると、美濃国は守護土岐家を中心にその内紛が表面化してきた。これを文明美濃の乱と呼んでいる。この内乱の結果、守護家の実権は守護代斎藤利国の手中に入った。このような美濃国の内状を背景に朝倉と斎藤の政略結婚が進められたのであろう。

美濃国守護代、斎藤妙椿の下には、戦功第一の武将の石丸利光があり、斎藤姓をもらって斎藤丹波守とも称していた。妙椿から利国へ家督が移譲されたのを契機に、石丸利光は主家に代わって小守護代として実質的な権力を掌握しようと、その機会をうかがっていた。明応四年（一四九五）三月にはじまる正法寺合戦以後の一連の合戦を舟田《ふなだ》合戦（石丸利光の居城・舟田城による）と呼ぶが、これこそ守護代斎藤利国と小守護代石丸利光との権力争いであった。この合戦は美濃一国に限らず、利害関係を持つ尾張・近江・越前の近隣諸国までも争乱にまき込んだ。先に斯波氏との越前宗主権をめぐる訴訟に勝利を収めた朝倉氏は、斎藤利国からの救援の要請もあって、積極的にこれに干渉した。北近江の京極氏も利国の婿で斎藤方であったが、南近江の六角氏は石丸方であった。織田氏の斎藤方救援軍によって同七月、石丸方は敗北し、近江の六角氏のもとへ退却した。七月十三日、朝倉貞景は同宗滴らと共に北近江の柳瀬まで出陣したが、九月廿日に敦賀城主の朝倉景冬が死去したので帰陣している。

翌明応五年四月、南近江に逃げていた石丸利光父子は再び反撃に出て美濃に侵入し、土岐成頼の隠居城であった城田寺館《きだでら》を中心に斎藤利国方と合戦が展開した。朝倉方は五月二十六日、その一族朝倉孫五郎（景総か）・与九郎を斎藤方救援のため美濃へ派遣した。二十七日、朝倉方の将印牧景久ら多くの兵を失ったが、朝倉救援軍は大手柄を立てた。そしてついに石丸利光父子は自殺して、舟田合戦は終結し、朝倉氏も六月十日一旦、越前へ帰国した。同年九月、斎藤利国・利親父子は、石丸に味方した六角氏の討伐を試み、近江南部へ兵を進めた。しかし十二月、かえって美濃勢は三千人も戦死して惨敗し、斎藤父子も陣没したので、斎藤氏に呼応して江州まで出兵した朝倉勢も止むなく撤兵した。

細川政元のクーデターと朝倉氏

近江平定後、将軍義材は河内の畠山氏の内紛に干渉した。明応二年（一四九三）二月、将軍みずからが諸将を従えて京都を出発し、畠山基家のよる敵城、誉田《ほんだ》城に近づくこと三里、正覚寺に布陣した。

ところが三月二十日将軍の留守をねらった細川政元は足利清晃（十一代将軍義遐・義高・義澄）をたて反旗をひるがえし、閏四月二十五日には細川方の軍兵が義材の陣所、正覚寺を包囲した。義材は細川政元の軍門に下り、いとも簡単に将軍が廃立された。この細川政元のクーデターに際して、朝倉氏は慈視院光玖の被官、杉若《すぎわか》藤次・久原平兵衛を両大将として千余人、入洛させ、細川政元の被官、上原豊前守元秀に従軍させた。

とらわれの身となった前将軍義材は、六月二十九日、風雨にまぎれて、上原邸から逃亡し、畠山政長の被官、神保長誠を頼んで越中国へ没落した。「越中御所」と呼ばれた義材は、ここで「本当の将軍は自分だ」と諸国の大名に檄《げき》をとばして支援を求めた。諸般の準備を終えた義材は、明応七年（一四九八）八月末、越中を出発して翌九月一日、越前国一乗谷に着いた。ここで一年を過した義材は義尹と改名し、翌明応八年七月二十日一乗谷を出発し、八月一日敦賀、十月十八日近江の坂本に着陣した。朝倉氏は、細川政元への気兼ねか、または留守をねらう一向一揆の侵入を恐れての対処かはわからないが、越前勢をこれには従軍させなかったらしい。

あと一歩と京都に迫った義尹は十一月二十日、細川軍と交戦して敗れ、河内へ敗走し、さらに周防の大内義興へ身を寄せて、同地で八年間滞在した。越中へ流浪して以来、苦節十四年、永正四年（一五〇七）になって、大内義興に擁立された義尹は上洛の途につき、翌年六月入京し、将軍に再襲したのである。

朝倉景豊及び元景の謀叛

英林孝景の四男の孫五郎景総《かげふさ》は、妾腹であったため、本腹である舎弟（五男）の小太郎教景《のりかげ》（以千宗勝）が父母の愛を一身に集めて常に上座に座ったのに妬心《としん》を感じ、文明十五年（一四八三）七月十三日、相撲《すもう》に事寄せて弟教景を殺してしまった。『大乗院寺社雑事記』では、教景は当時朝倉氏の後見役として勢力のあった慈視院光玖の猶《ゆう》子《し》（養子）であったので、慈視院は非常に腹を立てたと記している。このため景総は宅良《たくら》の慈眼寺《じげんじ》へ駈込み、剃髪《ていはつ》して僧侶となったが、教景の母、五位の尼の憤りがあまりにも激しいので、ここにも居れず、ついに越前を落去して都へ上り、室町幕府の管領、細川政元に仕えた。そして、朝倉弾正忠元景と改名した。

その頃、敦賀郡司であった朝倉景豊（遠江守景冬の息）は元景の娘婿にあたり、また鳥羽、青蓮華、堀江、朝倉教景宗滴らが、すべて景豊の縁者に当たるので、景豊はこれらの

景豊・元景関係譜

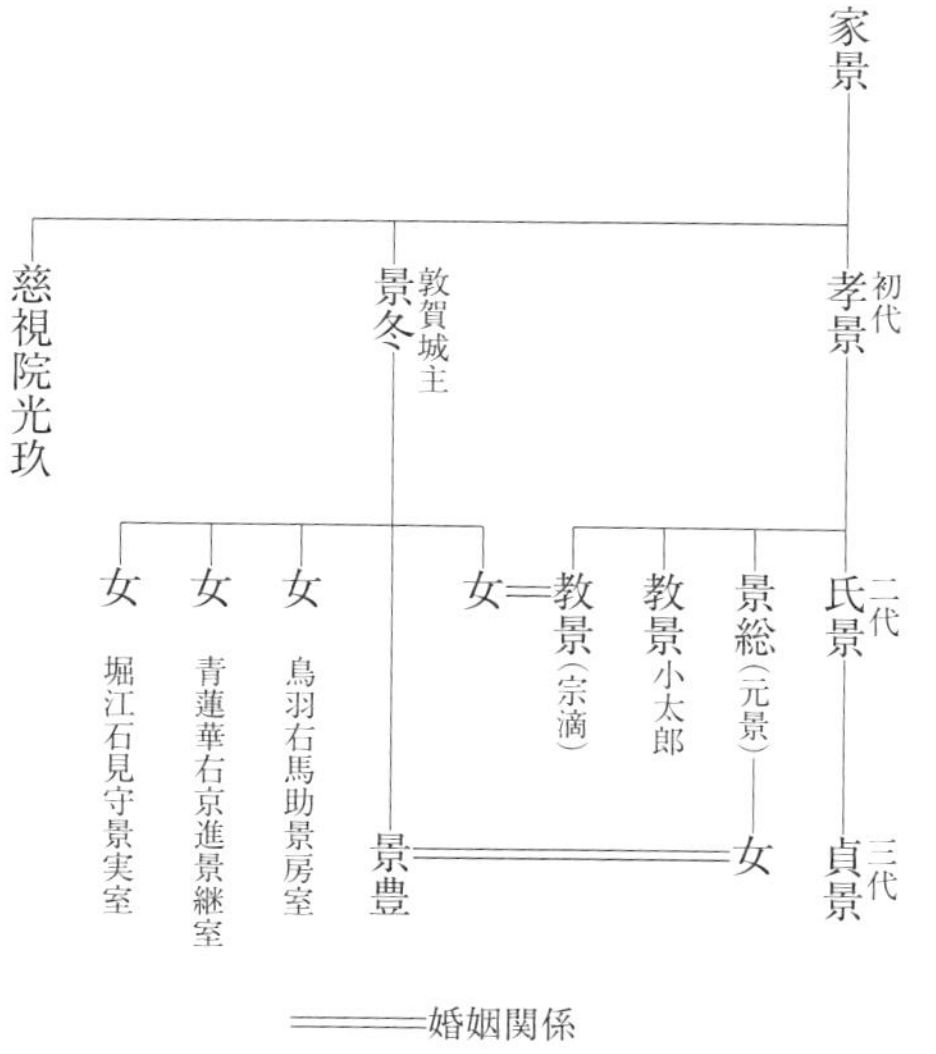

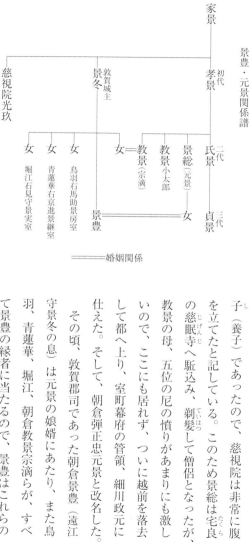

加勢を期待し、義父の元景ともひそかに結んで、主家の貞景を亡ぼして国主たらんとする謀叛《むほん》を企てた。これを知った教景宗滴は、「たとえ山々の怨があっても惣領家に対しては逆意すべきではない」と考え、夜中にもかかわらず一乗谷の貞景にその旨を言上した。この教景宗滴の注進によって、貞景は直ちに出陣し、数千騎をもって敦賀城を取り巻いた。景豊が頼みに思っていた縁者は一人も同心せず、その上、朝倉元景の救援も遅れて、ついに敦賀城は落城し、景豊は滅亡してしまった。時に文亀三年（一五〇三）四月三日であった。

一方、京都に在った朝倉弾正忠元景は、敦賀城主の景豊と呼応して兵を挙げるべく準備をしていた。しかし、景豊の陰謀が洩れたことを聞いて、急いで敦賀に向ったが、敦賀落城の翌日になって、ようやく近江国の海津に着くという有様であった。すっかりあきらめた元景は京都へ帰ることもできず、江州より飛騨を通って加賀に入った。そして甲斐・二宮らの反朝倉勢力と結んで、その勢一万八千人をもって、翌永正元年（一五〇四）八月六日、越前北部へ侵入した。しかし、これにも敗北した元景は、翌年の四月四日ついに能登国春木の斎藤館で病死した。

加賀本願寺領国の成立と一向一揆の越前侵攻

朝倉孝景が越前国守護職を得たという文明三年（一四七一）は、また本願寺中興の英主、第八代蓮如法主が真宗布教の本拠地として、坂井郡吉崎に坊舎を建立した年でもあった。これより先、寛正六年（一四六五）春、京都の大谷本願寺が叡山の衆徒らによって破却された後、しばらく近江にあった蓮如は、真宗発展の素地を有する北陸を布教の拠点に選んだのである。蓮如の布教手段は、平易な文章で綴る「御文《おふみ》」であった。これを信者に下附することによって、急激に門徒を増やし、しかもこれらの門徒を「講」に組織することによって、確固たる一向宗の地盤を確立していったのである。

このような本願寺門徒の増加によって平泉寺《へいせんじ》・豊原寺《とよはらじ》などの旧仏教系の寺院は、在地の武士や守護の力をかりて本願寺勢力を抑えようとした。これを敏感に知った蓮如は表面的だけでも吉崎への門徒の参集を禁止せざるを得なかった。一方、益々強大化していく本願寺教団を敵にまわすよりも組織を利用して、戦国大名化を目指す守護勢力と対決しようとしたのが国人《こくじん》、すなわち在地の土豪層であった。彼等は本願寺門徒化すると同時に、抬頭する農民の力を組織し利用して蜂起した。これが一向一揆である。文明四年（一四七二）九月、早くも加賀では富樫氏が一向一揆の攻撃を受けている。富樫氏は加賀の守護大名でありながら、一族内部の紛争が絶えず、極めて不安定な勢力であったため、この支配を排除しようとした勢力が一揆となって攻撃をかけたものとみられる。さらに文明六年七月ごろ、富樫政親《まさちか》は弟の幸千代《こうちよ》と家督争いを起した。政親側には本願寺門徒がつき、幸千代側には高田専修寺門徒が加勢した。開戦の結果は幸千代の敗北に終った。勝ちに乗じた政親は翌年三月、今度は先に味方であった一向一揆に鉾先を向けた。そして一揆側は敗北した。この富樫政親と加賀の一向一揆との戦いによる余波を恐れて、吉崎の蓮如は文明七年八月、吉崎を退去した。足かけ五年に及ぶ吉崎滞在であった。

政親に敗れた加賀門徒は、一部越中国井波《いなみ》の瑞泉寺《ずいせんじ》へ保護を求めて逃亡した。この頃、越中や飛騨でも本願寺門徒は増加を続け、在地の武士と戦って、その勢力を拡げていた。一時機先を刺された加賀の一向一揆は、蓮如の吉崎退出後もしばしば蜂起して勢力を盛り返してきた。加賀の本願寺教団の中心的存在となったのは、加賀三山の大坊主と呼ばれる若松の本泉寺《ほんせんじ》・波佐谷《はさだに》の松岡寺《まつおかじ》・山田の光教寺《こうきょうじ》の三ヵ寺であった。いずれも蓮如の子息たちが開いた寺である。この三ヵ寺を中心として本願寺自体による加賀一国の支配体制の確立を進めていた。

一方、対立する弟の幸千代丸を倒し、さらに一向一揆を敗北させた富樫政親は、加賀北半国の守護職を獲得し、富樫氏本家代々の居館のあった野々市《ののいち》(石川郡野々市町)に在館した。そしてその西方前面にある高尾山へ山城を築いて守城とした。すでに述べたように、長享元年(一四八七)八月、将軍足利義尚は、近江の六角氏討伐を目的として在国の諸将に出陣を命じた。富樫政親も槻橋《つきはし》・倉光《くらみつ》・本折《もとおり》・狩野《かの》・大内・相河らの有力部将を率いて、足利義尚の近江出陣に従軍した。政親の近江出兵は、その支配権力を除こうとする加賀の本願寺門徒にとっては絶好のチャンスであって、門徒農民らは一揆化し、その動きは活発となった。このため政親は将軍義尚の許しを得て、一揆制圧のため同年十二月帰国し、高尾山に拠って一揆と対決した。一揆側は国中所々に蜂起して、その勢約十四万と云われた。大軍に包囲された高尾城はついに長享二年六月九日落城し、富樫政親は三十二歳の生涯を終えた。『蔭涼軒日録』長享二年六月九日条に、このことを次のごとく記している。「今月五日越前府中に行く。其以前越前合力勢加州に赴く。然と雖も、一揆衆二十万人、富樫城を取回く。故を以て、同九日城を攻落さる。皆生害す。而るに富樫一家の者一人之を取立つ。……百姓とり立て富樫にて候間、百姓のうちつよく成て近年百姓のもちたる国のようになり……」。京都相国寺蔭涼軒の叔和西堂という僧が越前府中へ行った。それ以前に、越前朝倉からの富樫への加勢軍が加賀へ出兵したが、一揆勢二十万人が富樫城を取り巻いたので、九日落城し、皆死んでしまった。しかし富樫一族の一人、泰高《やすたか》が一揆勢に取り立てられたが、百姓が強く百姓持ちの国となってしまった、と伝えているのである。朝倉慈視院光玖を大将とする加勢軍が加賀へ出兵したが、間に合わなかったらしい。この富樫政親の敗死によって、他に類例のない一揆持ちのいわゆる本願寺領国が形成されてしまったのである。そして以後何十年間にわたる加賀一向一揆と越前朝倉氏との宿命的な対立が始まるのである。

文明四年（一四七二）越前を追われて、加賀に逃げ込んだ反朝倉勢力の甲斐与党は、その後、一向一揆の助けを借りて、しばしば越前に攻め込んで来た。長享二年（一四八八）富樫政親を倒して自信を得た加賀の一向一揆は、その領国制をさらに越前にまで拡げようとして、朝倉に大攻撃をかけてきた。その最初の大攻撃は、明応三年（一四九四）十月のことで、加賀の門徒軍勢は前後八里に及ぶ大軍であった。朝倉貞景は本陣を九頭竜川南岸の中郷《なかのごう》に置き、北庄（福井市）・高木（同上）・豊原（坂井郡丸岡町）・長崎（同上）など越前北部一帯に広く諸陣を布《し》いて迎撃した。甲斐勢や一揆側は大野郡や豊原寺から攻め入ったが、結果は朝倉方の大勝利に終わり、一向一揆軍を国外に撃退した。その後、永正元年（一五〇四）八月にも、すでに述べたように、貞景と対立して敗北した朝倉元景が一揆の援助のもとに越前に侵入し、撃退されている。

加賀一向一揆の越前侵攻の最大のものは永正三年の一揆である。同年七月、加賀・能登・越中の一揆、総勢三十万の大軍が越前に侵入し、在々所々を放火して、兵庫・長崎などに着陣した。朝倉方は敦賀郡司の朝倉教景宗滴を総大将とし、宿命的に一向宗と対立する高田専修寺派や讃門徒《さんもんと》派と結んでこれに対抗し、九頭竜川を挟んで対陣した。宗滴は前波《まえば》藤右衛門尉・斎藤民部丞らを引率して、三千余騎をもって、中郷（福井市）に本陣を構えた。鳴鹿《なるか》表へは、朝倉与三右衛門尉景職《かげもと》を大将として三千三百余騎が志比庄の河岸（吉田郡松岡町か）に着陣。高木口（福井市）には勝蓮華《しょうれんげ》・堀江など河北の諸勢二千八百余騎、九頭竜川の河岸に着陣。中角《なかつの》ノ渡りには、山崎長門守嫡子、祖桂らが二千余騎にて黒丸村（福井市）を陣所とした。まず八月二日、五万七千余騎の敵勢を迎えて山崎祖桂まっ先に一合戦して、川合藤八郎・財町《たからまち》ノ円正の両大将の頸《くび》を取って機先を制した。高木口へは、八万八千余騎の軍勢を迎え、甲斐法華院を討ち取った。鳴鹿口へは加賀北勢と共に超勝寺・宇坂本向寺らを総大将とする五万五千三百余騎が押し寄せた。本陣の中郷の渡には、川合藤左衛門・州崎入道鏡覚らに、本覚寺らの越前一揆勢を加えた総勢十万八千騎が対陣した。敵の大軍に味方の小勢、待つよりも討って出るべしと、総大将教景を先頭に、渡河して敵の不意をつき、かく乱戦術に出た。このため、一揆軍は混乱状態となり、総崩れとなって退却した。中郷口での敗戦を知った一揆勢は、諸口一度に崩れて退却し、加賀へ逃げ帰った者は三分の一にも過ぎなかったと云う。

この後、吉崎の道場を始め、和田本覚寺・藤島超勝寺ら国中の一向宗道場をすべて破却し、坊主門徒らは加賀へ追放し、その所領すべてを没収した。越前を追われた坊主門徒達は一揆化してその年十月豊原・竹田口から越前へ攻め込んで撃退され、さらに翌年、永正四年八月、本覚寺・超勝寺ら越前牢人は加賀・能登・越中勢をも加えて、再び越前奪還を計って侵入した。しかし、これも敗北して加賀へ退去してしまった。この合戦によって、越前一国の司《つかさ》を望んで出陣した加州石川郡の玄任《げんにん》一党も華々しく坂井郡帝釈堂口《たいしやくどうぐち》で戦死した。

その後、玄任の討死した帝釈堂口には戦死者の亡霊が夜な夜な出没して、人々を悩ました。このため、豊原寺の僧が、ここに戦死者の追善供養の法華経を読経し、卒塔婆《そとば》を立てて弔ってからは、亡魂がおさまったという。朝倉貞景も討死した亡魂の菩提を弔うため、翌年一乗谷阿波賀に経堂を建立し、毎年四月十七日から二十六日まで百十人の僧によって法華経千部を読誦させたという。現在、一乗谷中に残る大小さまざまの石仏は、これら亡魂供養のためのものだといわれている。

貞景の人物像

貞景の人物については、『幻雲文集』に貞景の肖像画に対する賛語が六篇収められてあり、「其人を見んと欲すれば其政《まつりごと》に在り、身を修め国を治め、民を憂い国を憂い、そして家を済《な》す」などの言葉が見られる。また「天沢宗清居士三十三年季香語《こうご》」に貞景を評して「言と云い行と云い、義有り仁有り」とあって、祖父孝景の心が生かされていると云うべきであろう。

貞景の文芸の面で注目すべきことは、彼が画筆に秀れていたことであろう。『宣胤卿記《のぶたねきょうき》』永正元年（一五〇四）十二月九日条に「あさくら（朝倉）ゑ（絵）をよくかき（画）候よしきこし（聞）めし候ほどに、この御ゑ（絵）四ふく一つゐすせうが筆下され候はんずるとおぼしめし候」とある。貞景が絵をよく描くことを知っていた後柏原《ごかしわばら》天皇が、御料所の貢租を増大せしめるため四幅一対、一幅一間に及ぶ長大な子昭筆の絵を贈られたのである。「あなたにはよきゑし（絵師）候べきに」とあるように、一乗谷には別項にも述べるように曽我派の名絵師も育った所であった。

貞景は仏教にも帰依して、南陽寺《なんようじ》の仏殿方丈を再興し、京都の清水寺にも新観音堂を造営して燈明田を寄進した。現在も朝倉堂として残っている。

永正九年（一五一二）三月二十五日、貞景は鷹狩りの路次にて、にわかに逝去した。行年四十歳。法名長陽院殿天沢宗清大居士。嫡子孝景は父の菩提を弔うため、その死去の地に天沢寺を建立した。現在、一乗谷の東新町地籍に天沢寺跡がある。なお一乗谷三萬谷（旧下宇坂村、現美山町）にも天沢寺跡と称する所がある。

貞景の妻は、既に述べたように美濃守護代斎藤利国の娘で、京都の公家とも姻戚関係が深く、このため文芸の面でも注目すべき記事が散見される。すなわち三条西実隆《さんじょうにしさねたか》から色紙四十枚が送られたり、禁中から三代集が贈られたり、その他源氏物語や栄華物語などが貞景やその妻に贈与または貸し与えられている。中央の文芸にあこがれていた一面をのぞくことができる。彼女は永正十五年（一五一八）十月十四日没した。法名を祥山禎公大姉と云う。

4　朝倉孝景時代

孝景時代の概観と孝景の人物像

孝景は幼名を孫次郎、後に弾正左衛門尉に任ず。三代貞景の嫡男で、明応二年（一四九三）十一月二十二日誕生。永正九年（一五一二）貞景の跡を継いで第四代国主となった。天文十七年（一五四八）三月二十二日、波着寺《はちやくじ》へ参詣して下向の途次頓死《とんし》、年五十六。法名を性安寺殿大岫《しゆう》宗淳大居士という。治世三十六年。朝倉氏政権は、父貞景の時代にほぼ確立し、孝景に至って政権の安定をみた。すなわち、美濃・近江・若狭と近隣諸国の内紛にも関与し、求めに応じて出兵するのみならず、中央の将軍家の政争にまで援兵を出陣させた。そして、永正十三年（一五一六）には十代将軍義稙《よしたね》より白傘袋並に毛氈鞍覆《もうせんあんぷく》を免ぜられ、大永八年（一五二八）には十二代将軍義晴《よしはる》の御供衆《おともしゆう》に加えられ、天文四年（一五三五）塗輿《ぬりごし》御免、天文七年（一五三八）には御相伴衆《ごそうばんしゆう》に列し、天文四年十一月、後奈良天皇の践祚《せんそ》には一万疋を献じている。ここに朝倉氏は名実共に越前国の国主、戦国大名として君臨したのである。

ただ朝倉氏にとって、もっとも大きな悩みは加賀の一向一揆との対決であった。父の貞景の時代には、しばしば一揆勢に侵攻されて、これを撃退すると云う受身の態勢であったが、孝景の時代には、加賀の内紛にまで働きかけ、また軍勢を加賀の国内にまで侵入させて、積極的な攻撃をかけるという態勢に変わってはきた。しかし、朝倉氏にとってもこの消耗戦は大きな負担であったし、中央の庄園領主もこれを望まなかったので、越加和睦が一応考えられた時代でもあった。

昭和五十一年の夏、高岡市の光雲寺から『宗世蹴鞠《けまり》伝書』が発見された。十二ヵ条にわたって蹴鞠の奥義が記され、その末尾に「右一巻者所レ授二朝倉孫次郎孝景一也、努々《ゆめゆめ》不レ可レ有二聊爾儀《そつじのぎ》一者也、永正五年九月日　宗世（花押）」とある。宗世とは飛鳥井《あすかい》流蹴鞠の師、飛鳥井雅康の法名で、朝倉孝景に蹴鞠の奥義を伝授した免許状とも云うものであろう。蹴鞠は平安朝以来、公家にとって伝統的な遊戯の一つであった。永正五年（一五〇八）当時、僅《わず》か十六歳の少年であった孝景が恐らく在京していて、この伝書を授与されたものであろうが、戦国大名が公家世界に一種のあこがれを持っていたことを端的に示している。

孝景の時代は、朝倉氏にとってもっとも安定し、その勢威も国の内外に広く示された時代であったから、都からの公家や文化人の来遊もこの時代はもっとも多く、孝景を始めその家臣達に与えた影響は実に大きい。孝景の人物については、『幻雲文集』その他による、主として禅僧の人物評によれば、治世よろしく、兵法を論じては厳しく、詩歌を評しては妙で、歌道熱心であったらしい。歌道といえば、富小路資直との交遊がある。彼は天文四年（一五三五）二月越前に下り、孝景と贈答歌を交わし、孝景に歌道の指導をしている。孝景の和歌としては、現在、東大史料編纂所に、自筆の和歌短冊の写真が残っている。

小川や浪こすいしのしのぶ草　いく夜くるしき露をかけけむ　　孝景

先の蹴鞠といい、詩歌といい、誠に京の公家風になじんだ孝景の人柄と生活を窺わしめる。

称念寺本『朝倉系図』によれば、英林寺（曽祖父孝景の菩提寺）・天沢寺（父貞景の菩提寺）、そして自分の菩提寺性安寺を創建している。また五千余巻之毘盧《びる》蔵を建てて法雲堂と号し、遊楽寺も建立した。炎上した安居弘祥寺や心月寺も再興した。

朝倉氏の美濃・近江への干渉

舟田《ふなだ》合戦後、美濃国守護は、土岐政房《ときまさふさ》が継ぎ、政房はさらに長子政頼《まさより》を十代目の守護とした。ところが政頼は、弟の頼芸《よりよし》と仲が悪く兄弟で争う結果となった。一方、守護代斎藤利国・利親父子が近江で戦死した後、利親の子、勝千代を補佐したのが長井豊後守利隆であったが、勝千代が長じて新四郎利良となると、利隆と利良もお互いに反目するようになった。永正十四年（一五一七）十二月、土岐政頼を奉ずる斎藤利良と、土岐頼芸を奉ずる長井利良との間に内乱が起り、これに敗北した斎藤利良は、翌年八月、祖父・父の姻戚関係を求めて朝倉孝景を頼り、土岐政頼を擁して越前へ逃亡した。しかし、翌十六年六月土岐政房が没したのを好機に、孝景は同年九月、弟の孫八郎景高を総大将とし、山崎衆三千をもって政頼・利良を奉じて美濃に乱入させた。そして、九月十四日正木合戦（美濃国稲葉郡）、十月十日には池戸合戦（美濃国揖斐郡）が戦われ、政頼・利良は一旦美濃に帰国したようである。

一方、近江北部では守護京極氏と、その家臣浅井亮政《あさいあきまさ》とがお互いに反目していた。京極氏は近江南部の六角氏を味方にして浅井氏を攻めたので、浅井氏はその救援を越前朝倉氏に求めた。大永五年（一五二五）五月、朝倉宗滴教景は江州小谷《おたに》城攻めに出陣した。さらに、十月、浅井亮政は朝倉景職の軍兵の加勢を得て美濃国に兵を進め、土岐氏を攻めたが、勝敗は必ずしもはっきりしなかったらしい。

美濃の土岐氏の内紛は、その後も続き、土岐頼芸は大永七年八月、西村勘九郎（後の斎藤道三）の勧めによって革手《かわて》城にいる兄の土岐政頼を攻めた。急をつかれた政頼は、止むなく主従僅かの兵で城を出て越前に逃れ、朝倉孝景を頼って一乗谷に蟄居《ちつきよ》した。これによって、頼芸は土岐の惣領職を得て美濃国の守護となり革手城に移った。西村勘九郎はこの一戦で頼芸から信任を得て土岐家の執権となり、後に斎藤道三を名乗って美濃一国を奪うための第一歩となった。天文五年（一五三六）斎藤彦九郎が稲葉山の斎藤道三を攻めた時も朝倉氏は兵三千をもって彦九郎方へ合力している。

大野郡は、すでに初代孝景の時代に平定されているが、その地域は大野盆地の平坦部に過ぎず、九頭竜川上流の穴馬《あなま》、石徹白《いとしろ》方面は、この四代孝景の時代に入ってようやく平定を見たようである。石徹白文書を検討してみても、朝倉関係文書は四代孝景時代からのものが多い。『当国御陣之次第』を見ると、天文五年(一五三六)当時大野郡代の朝倉景高が穴間(馬)へ出兵し、穴馬城を攻略している。そして、天文九年八月二十五日、朝倉勢は穴馬から石徹白村を経て、美濃国郡上《ぐじょう》郡へ侵攻し、これを迎え撃った東常慶の軍勢と篠脇城で激戦になったが、激しい抵抗によって退去せざるを得なかった。翌年も朝倉勢は郡上郡へ侵入したが油坂峠を最前線とした一向宗安養寺門徒らの奮戦によって退却させられた。

一方、土岐家の執権となった稲葉山の斎藤道三は、さらに美濃一国の実権を握ろうとして画策したため、土岐頼芸は道三を除こうとして、援軍を尾張の織田氏と越前朝倉氏に求めた。天文十三年(一五四四)九月、朝倉宗滴教景は軍勢を徳山・根尾方面から侵入させ、稲葉山城下の井之口を悉《ことごと》く放火して撤兵した。この頃、斎藤道三の武力はすでに確立し、天文十六年ついに土岐頼芸は追われて上総国へ逃れ、美濃一国は斎藤道三の手中に落ちた。

武田氏の衰亡と朝倉氏の若狭侵入

若狭武田氏は、新羅《しんら》三郎源義光の後裔、甲斐の武田氏と同族であって、武田治部少輔信栄《のぶひで》を祖とする。信栄は永享十二年(一四四〇)五月、将軍義教の命によって、大和の一色《いっしき》修理大夫を誅伐し、その功をもって若狭国の守護となった。

応仁の大乱が始まると、文明元年(一四六九)幕府は東軍の武田信賢《のぶかた》(二代)に西軍側一色氏の領国、丹後国を与えた。一色氏はこれに激しく抵抗したので、信賢・国信二代にわたる丹後経略が行なわれたが、文明六年丹後国は一色氏に再び還付されたため、以後、若狭武田氏の丹後国回復のための抗争が始まる。国信の後、元信が武田氏四代を継承した頃は武田氏にとって絶頂期であった。しかし、将軍御相伴衆として応仁の乱後も在京して領国の支配にはあまり力を尽くさなかったため、文亀二年（一五〇二）に百姓一揆が起り、武田氏がこれに敗北したのを契機に、武田氏の領国支配に暗い陰がやどり始めてきたのである。元信は守護としての権力を誇示するため、永正二年（一五〇五）丹後攻略を再開し、細川政元の救援軍を得て丹後国へ出陣したが、同四年の細川家の内紛によって細川軍は敗走し、武田氏の丹後攻略は失敗に終った。

ところが、永正十三年（一五一六）八月から翌年にかけて丹後国では守護一色義清・石川直経と守護代延永春信・一色九郎とが両派に分かれて相争い、その結果、丹後国の支配権を掌握した延永春信は、その余勢をかって翌十四年六月、武田元信の家臣逸見《へんみ》河内守と結んで、若狭へ侵入して大飯郡和田高浜に着陣するという事態になった。幕府は朝倉氏に対して武田氏救援を要請したが、朝倉孝景が武田元信の娘婿にも当たるので軍《いくさ》奉行の朝倉宗滴（教景）を出兵させた。そして朝倉軍は和田高浜城を落とし、さらに進んで丹後へ攻め入り、八月には延水の居城倉橋城をも落城させた。一族の朝倉景職は八月末まで高浜城番を勤めたらしい。その後、五代元光《もとみつ》が上洛して若狭不在であるすきをねらって、大永六年（一五二六）には丹後の海賊が蜂起した。そして若州の浦々を略奪したので、越前の合力勢が若狭へ入国したが、かえって三方郡にあって朝倉勢が乱亡（暴）すると云う結果になってしまった。

天文初年から同七年（一五三八）にかけて五代元光より六代信豊《のぶとよ》への家督継承が行なわれたが、これに武田中務少輔信孝《のぶたか》との家督争いがかかわっていた。信孝は信豊の兄元度のことと推定され、当時、越前に亡命していて天文七年朝倉孝景の支援を得て若狭侵入を画策していた。幕府は朝倉孝景に対してこれを制止させたが、これに呼応するかのように、武田氏家臣の粟田《あわた》右京亮元隆が信豊に対して反乱を起した。これは結局武田氏によって鎮定されたが、武田氏の家督継承の争いが朝倉氏の若狭への勢力拡張の糸口を与えることにもなろうとし、また重臣の武田氏に対する反乱となって強大化する越前朝倉氏とは対照的に武田氏に衰亡の兆《きざし》が濃くなってきた。

幕府の内紛と朝倉氏

応仁の大乱以来、将軍家はほとんど傀儡に過ぎず、幕府の実権は管領細川家に移り、細川家の分裂抗争が、そのまま将軍の廃立に結びついていた。このような中で、大永元年（一五二一）十二月、足利義澄《よしずみ》の一子、足利義晴《よしはる》が寄留地の播磨の国から上洛して十一歳で第十二代将軍の地位についた。これを擁立したのが管領細川高国であった。ところが、大永六年六月、細川氏の家臣、香西元盛が高国に殺害されるという細川家のうちわもめから、京畿は再び騒然となった。すなわち、元盛の兄の波多野と弟の柳本が四国の阿波国に在った細川晴元と連絡をとりながら、丹波国で挙兵したのである。これに対して幕府は十一月、朝倉を始め、六角・山名・武田・赤松らの諸氏に上洛参陣を求める御内書を出して丹波攻略に向ったが、幕府軍の敗退に終った。これに呼応して三好《みよし》一族の四国勢が進撃して来たので、翌大永七年（一五二七）二月、将軍義晴や細川高国らは京都を脱出して近江国守山に難を避けた。

一方、四国衆三好元長にかつがれた足利義維《よしつな》と細川晴元らが堺に着いた。義維は、将軍義晴と同年齢の異母弟で、六月には将軍就任が約束され、ここに近江の義晴の江州大樹（征夷大将軍の異称）と義維の堺大樹とが対立することとなった。

将軍義晴は、朝倉孝景に対して供衆に召し加えることなどを条件として再三にわたって出陣を要請したが、なかなか動かなかった。しかし義晴が入京を試み坂本まで陣を進めた頃、十月六日になってようやく朝倉太郎左衛門尉教景・景紀《かげただ》父子を名代として出陣させた。十三日将軍義晴は入洛して東山の若王寺に着陣した。供衆としては六角氏一万五千、朝倉氏一万二千を始めとして総勢五、六万に達していた。同二十四日、東寺へ移陣した時には八万にふくれ上っていたという。この日、朝倉勢は桂川を渡り西岡京勢と交戦した。本格的な合戦は十一月十九日の下京泉乗寺及び西門口合戦であった。これによって朝倉勢は大西与次郎・遊佐弾正忠・河村四郎次郎ら多くの首を討ち取ったが、三好衆との合戦では朝倉勢二百人ばかり討たれてしまった。しかし、この合戦に対して、同年十二月二十七日、朝倉孝景及び教景に将軍義晴から感状御内書が下附されている。その後は休戦状態となったが、翌大永八年正月、朝倉と三好とはお互い相談して両者和睦させようと計ったが、成就しなかったので、朝倉・六角また三好もそれぞれ本国に引き上げてしまった。幕府陣営の一角がくずれたため義晴は坂本に退き、さらに近江国朽木谷《くちき》に退却してしまった。この年五月、約束どおり孝景は将軍義晴の供衆に加えられた。

享禄四年（一五三一）六月管領細川高国が自害した後は、堺大樹方であった細川晴元が管領となり、近江大樹の将軍義晴を擁立した。そして、天文三年（一五三四）九月、義晴は再び入洛した。朝倉孝景は早速、入洛を祝して太刀一腰・馬一疋・青銅三千疋を送った。義晴の入洛に対して朝倉氏がいろいろ勤仕するところがあったからであろうか、翌天文四年四月には塗輿《ぬりかご》を免ぜられている。これに対する謝礼としても朝倉氏は再び太刀一腰・馬一疋・鵞眼《ががん》（銭貨）一万疋を送っている。天文五年七月、いわゆる天文法華の乱には若狭武田氏と越前朝倉氏に将軍家警固を命ぜられており、天文七年四月にはついに、孝景は御相伴衆《ごしょうばんしゅう》に加えられ将軍直臣となった。これに対する将軍家への礼物は太刀・馬・香合を始め青銅十万疋を献上し、目を見張るものがあった。

加賀一向一揆の内紛と朝倉氏

永正三年（一五〇六）朝倉氏は加賀からの一揆による越前侵入を撃退したのを契機に、これに内応した越前国内の一向宗の巨頭である藤島超勝寺や和田本覚寺を始め、多くの一向宗寺院を加賀へ追放してしまった。当時加賀においては、領国支配の最高首脳者は三山の大坊主と云われた若松の本泉寺《ほんせんじ》、波佐谷《はさだに》の松岡寺《まつおかじ》、山田の光教寺《こうきょうじ》の三ヵ寺であった。彼等の支配方針は領国拡大を望まない現状維持派であり、これに対し、越前を追われた超勝寺・本覚寺は、加賀に下向していた本願寺家老下間頼《しもつまより》秀《ひで》・頼盛《よりもり》の兄弟と結び、越前復帰を夢みて越前侵攻の機をねらっていた。当時、本願寺法主の証如《しょうにょ》は未だ十三歳の年少であったため、本願寺の実権は下間兄弟が握っていたからである。前者の加賀三山を小一揆と呼び、後者の超勝寺・本覚寺・下間兄弟らを大一揆と称し、両者はここに激しく対立するに至った。

享禄四年（一五三一）五月、両者の間に戦端が開かれた。前者の小一揆は朝倉氏に援軍を求めた。超勝寺・本覚寺の大一揆軍の越前侵攻を喜ばない朝倉氏は、当然小一揆に味方をした。八月十九日、堀江景忠を大将として精兵三百余騎が、越前を進発して加賀に侵入し、続いて同二十二日に朝倉教景宗滴が、子の景紀と共に八千騎を率いて加賀へ侵入し、敷地《しきち》（大聖寺）・菅生《すごう》から、さらに能美《のみ》郡本《もと》折《おり》（小松市）へと兵を進めた。一方、能登へ逃げ込んでいた河合・洲崎らの牢人も、これに呼応して越中勢と共に北から河北郡に攻め込んだ。十月二十六日、朝倉勢は手取川を渡河して大一揆側を攻め敗走させた。しかし北の能越勢が大一揆に敗北したと云う知らせを聞いた越前勢は浮き足立ったので、朝倉教景も止《や》むを得ず十一月七日に越前に兵を引き揚げた。このようにして大小一揆の戦は大一揆側の完勝に終った。

大小一揆に敗れた小一揆側の加賀三山の坊主をはじめ、加賀四郡の長など有力国人ら二十余人は、教景に従って越前に逃亡してきた。翌年の天文元年（一五三二）には能登・越中へ逃げていた玄任次郎左衛門・洲崎慶覚の子の孫四郎・河合宣久の子など、有力国人二百人余りも、教景を頼って一乗谷へやって来た。朝倉氏はこれらの牢人達に毎年二千貫の銭を支給することになった。しかし彼等はやはり越前には安住の地を求めることはできなかった。彼等は教景を奉じて、加賀へ再攻撃しようとしたが、国主孝景がこれをゆるさなかったので、天文二年（一五三三）八月彼等は単独で越前から加賀江沼郡に討ち入ったが、敗北して退却した。翌年九月にも越前牛ノ谷（坂井郡金津町）に陣を構えて、加賀の江沼・能美両郡へ足軽をもって攻撃したが、これも大将格の黒瀬左近四郎が大一揆側に寝返ったため失敗に終わってしまった。ここに、彼等の加賀への帰還の望みは絶たれたのであった。

このように享禄の内紛を経て安定した加賀領国支配体制は、周辺の戦国大名にとって大きな脅威であった。朝倉氏は一向一揆の越前侵攻を未然に防ぐため、関所を設け通路を閉鎖して加賀国境を厳しく遮断してしまった。この結果、加賀にわずかばかりの荘園を有していて、その収入源でもって生計を立てていた京都の公家・寺社にとっては大きな死活問題となった。天文五年頃から彼等は、しきりに朝廷や幕府を動かして、加越和議と通路開通の交渉を行なったが、はかばかしく進まなかった。

5　朝倉義景時代

加越和議への動き

義景は孝景の嫡子として天文二年（一五三三）九月二十四日に生まれた。孝景四十一歳の時の子である。幼名を長夜叉丸と呼んだらしい。一般には義景は孝景の嫡子となっているが、異本によれば、隣国近江国の佐々木氏綱入道雲光院の末子が孝景の嗣子《しし》となったとする説もある。しかし、『若州武田系図』の武田大膳大夫元信の女子に「朝倉義景母、孝景妻。二品。広徳院」とあるから、異説はまさしく異説に過ぎない。義景は元服すると孫次郎延景《のぶかげ》と称した。そして、天文十七年三月、父孝景の急死によって僅か十六歳で越前国主となったが、天文二十一年（一五五二）六月、将軍足利義輝《よしてる》の諱《いみな》の一字、義を賜わって義景と改め、左衛門督《さえもんのかみ》に任ぜられた。

天文十九年（一五五〇）小河・富田・朝倉才兵衛らを主軍として越前・近江国境の敦賀郡疋壇《ひきだ》まで出陣させたが（『当国御陣之次第』）、同二十四年（弘治元年）には大規模な一向一揆攻撃のため加賀へ出陣が行なわれた。総大将は古今に類例がないと云われた七十九歳の老将、朝倉宗滴教景であった。従来の加賀一向一揆との合戦はほとんどが加賀からの侵入に対して受身的に対抗したのに対して、このたびの積極的な加賀への侵攻の直接の理由は、本願寺と対立していた越後守護代長尾《ながお》景虎（上杉謙信）が信濃へ出陣するため後背の本願寺勢力、加賀一向一揆を牽制《けんせい》して欲しいとの依頼があったからであった。教景を総大将とする朝倉軍は、七月二十一日一乗谷を進発して、まず金津に着陣。翌々日二十三日加賀へ侵入して橘《たちばな》山に本営を置いた。そして大聖寺・南郷・千束《せんぞく》（以上加賀市）に構営した三ヵ所の一揆軍の城砦を攻撃し、わずか一日の戦いで三ヵ所の要害を陥落させ、菅生・敷地・河崎の一揆勢をも退却させて朝倉軍の志気は大いに上がった。

二十四日、朝倉勢は早朝から行動を開始して、まず江沼郡の村々を放火して敷地・菅生に陣を進めた。高田専修寺派の本流院《ほんりゅういん》・松樹院《しょうじゅいん》・称名寺・仙福寺らの坊主を大将とする軍勢三千人がかけつけて朝倉軍に加わったのもこの頃であった。

二十五日、教景は本陣を敷地山に移し、その他大聖寺・菅生に朝倉軍を着陸させ、そして江沼郡の山際までことごとく焼き払った。朝倉軍は、教景の作戦どおり、着陣したまま動かなかった。これにいらだった一揆軍は八月十三日の本願寺証如上人の祥月命日を期して一斉に攻撃に出て来た。しかし超勝寺を大将とする一揆軍二万五千余人も本覚寺を大将とする五万人、その他河北郡・江沼郡の大軍も教景の軍略と朝倉軍の奮戦によって敗走した。

ところが、八月十五日夜、大将の朝倉教景はついに病に倒れ一乗谷に帰ったので、朝倉右兵衛尉景《かげ》隆《たか》・景健《かげたけ》父子を教景の代将として加賀に派遣し、敷地に着陣させた。九月中旬朝倉景隆軍は那谷《なた》・栗《あわ》津《づ》を放火し、同十月に山崎新左衛門は安宅《あたか》への攻撃を計画したが、一揆軍はただ沈黙したままであった。そのうちに冬の降雪期に入り両軍は対陣したまま越冬した。翌弘治二年（一五五六）二月、一揆軍は谷峠から越前に侵入したため、朝倉は細野・野津俣《みた》（現勝山市）方面へ派兵している。三月二十二日、こんどは越前海岸の村々を放火して引きあげた。一揆軍が加賀に釘付けとなった朝倉軍の背後をつく戦略に出たのであろう。

この頃から将軍足利義輝による和平工作が進められていた。朝倉義景宛の将軍義輝の御内書をたずさえて大館《おおだて》左衛門佐《さえもんのすけ》晴光《はるみつ》が越前へ下向したが、一方本願寺も下間《しもつま》駿河法橋頼言《よりとき》を加賀へ下向させて、講和を説得させていた。しかし四月九日頼言は主戦派の超勝寺によって毒殺され、代わって弟の左近将監頼良を加賀に下向させて一揆勢を説いた結果、ようやく加越の和議が成立した。そして、同月二十一日朝倉勢は越前に撤兵した。

犬追物と曲水の宴

加賀出陣中、病を得て一乗谷に帰陣した教景は九月八日七十九歳をもって没した。教景の死後、政治的にも軍事的にも強力な補佐を失った義景は、その武威を国内に示すかの如く、永禄四年（一五六一）四月六日、坂井郡棗《なつめ》庄大窪《おおくぼ》ノ浜（現在福井市三里浜）において大規模な犬追物《いぬおうもの》を行なった。「御伴人衆一万余人、馬場の広さは八町、見物の貴賤その数を知らず」と『朝倉始末記』は記している。実に源頼朝の鎌倉由比ノ浜の、犬追物に勝るとも劣らなかったといわれる。

義景は四日に一乗谷を出立してまず本郷の竜興寺に一泊し、五日に糸崎寺《いとざきじ》へ参詣してその日は寺中の坊に宿泊した。その他の諸大名や伴衆は近辺の村々に宿を取り、奉行の朝倉玄蕃助景連《げんばのすけかげつら》は河尻道場（後の三国町西光寺）に居をすえた。翌五日当日は春雨そぼふるあいにくの悪天候であったが、『朝倉始末記』の記述によると、義景の仮屋へ出仕する諸大名の行粧《ぎょうそう》の華麗さは実に目を奪うものがあったという。その日は、犬百疋を入れただけであって、翌日も晴れず、八日にようやく本格的な犬追物が行なわれた。九日は浦々の海女《あま》を寄せて海中の貝・海松《みる》などを海女にとらせて終日舟遊びをし、翌十日に一乗谷に帰城した。

永禄五年（一五六二）中秋の初め、大覚寺義俊《よしとし》が京都から下向した。旅泊の寂しさを慰めるため、八月二十一日一乗脇坂尾、すなわち阿波賀河原において盛大な曲水《きょくすい》の宴が張られた。曲水の宴は宮中や公卿の邸で行なわれた遊宴の一つで参会者が曲水の流れに沿って所々にすわり、上流から流される盃《さかずき》が自分の前を通り過ぎないうちに詩歌を詠じて盃を取り上げ酒を飲み、また次へ盃を流してやるという遊びである。当日の参会者は『朝倉始末記』によれば、次の通りである。

大覚寺殿義俊　四辻大納言季遠　同息中将公遠　飛鳥井中納言雅教　同息小将雅敦
大膳大夫俊直　朝倉左衛門督義景　同九郎左衛門尉景紀　同玄蕃助景連　松林院鷹瑳《ようさ》
周筮　周伊　月鐳　澄蔵主《ぞうす》宗澄　知玉　永能　覚阿　聖懌　経王寺日尚　豊
将監親秋　半井禅佐　同左馬助明宗　同治部卿明名　大月三郎左衛門尉景秀　曾我兵
部入道宗誉　前波《まえば》九郎兵衛尉吉継　堀平右衛門尉吉重　栂野《とがの》三郎右衛門尉吉仍

義俊など京都の文化人の他に、義景の一族や家臣の名が見えており、次の義景・義俊の歌など和歌二十三首、漢詩七首が『続群書類従　和歌部』に収められている。

早涼至　　義景

花ナガスムカシヲ汲テ山水ノ　一葉ヲサソフ秋ノ涼シサ

菊　　　　　　　　　　　義俊

流クル菊ノサカヅキトリドリニ　袖ノカホリモ花ノ下水

先の犬追物といい、曲水の宴といい、華美と盛大さとを好む義景の性格の一端がしのばれる。

加賀攻略と堀江氏の変

弘治二年（一五五六）一旦結ばれた加越の和議も、その後再び険悪な関係となった。そこで永禄七年（一五六四）九月一日朝倉孫八郎景鏡《かげあきら》と同右兵衛尉景隆が両大将となって加賀へ出陣した。同じく出陣した敦賀城主朝倉景紀《かげただ》の嫡男、孫九郎景垙《かげみつ》は、その翌日景隆と大将争いをして自害してしまった。このような内紛を絡んでの出陣であったためか、義景は十二日みずから加賀へ出馬した。そして本折・小松を攻略し、十八日には御幸塚《みゆきづか》も落城した。十九日には湊川まで進んで放火した。その後大聖寺に城番の軍勢を置いて、二十五日義景は一乗谷に引き揚げた。

永禄九年朝倉を頼って越前へ入国した足利義秋（義昭）を敦賀に滞留させたまま朝倉はなおも加賀侵攻を止めなかった。すなわち十月四日、加賀に侵入し江沼郡横北（加賀市）で一揆勢と戦い、十一月にも両者間に衝突があった。

このような中にあって翌十年三月、堀江中務丞景忠《かげただ》・左衛門三郎景実《かげざね》の父子が加賀一向一揆を後だてとして義景に叛《そむ》くとの風聞が伝わった。義景は魚住《うおずみ》備後守景固《かげかた》と山崎長門守吉家を両大将として二千余騎を引率させた。朝倉勢は三月十八日金津の溝江《みぞえ》河内入道の館に着陣し、いよいよ本荘城の堀江氏攻撃を始めた。戦場は金津と本荘の中間、上番《かみばん》・谷畠《たんばく》・仏徳寺《ぶっとくじ》一帯となったが、朝倉側は堀江父子の智謀軍略によって悩まされ、はかばかしくなかったので、作戦を立て直し、東南西の三方から本荘館を攻撃して堀江勢を後の竹田川に追い落とすこととした。

この頃、小和田《こわだ》（現福井市小幡町）本流院真孝が両者の調停役に乗り出してきた。堀江景忠内室・本流院真孝の内室と朝倉義景の母は三姉妹で同じく武田中務少輔の娘であったからである。本流院真孝が義景の母公と共に理を尽くして堀江の罪の許しを乞うたので、さしもの義景もついに折れて堀江攻撃を中止した。堀江父子は本荘城を出て真孝の住寺となっていた加戸の円福寺（坂井郡三国町）に一泊し、翌朝、北潟・吉崎を経て加賀に入り、能登国隈木《くまき》という在所に隠退した。この年、六月五日付で本願寺顕如が堀江景忠に「今度、加賀と協力して退城し、子息や一族も安泰であって喜ばしいことだ」と云う手紙と共に、太刀・馬・金百両などを贈ったことは、堀江の変が加賀の一向一揆を背景として起ったことを物語っている。

堀江氏は朝倉家臣中でも最も有力な外様《とざま》的国人であって、このように朝倉政権に大きくのしかかっていた堀江氏を除いたと云う点では、朝倉政権の一元化を実現し得たといえようが、一方、朝倉氏の力強い協力者を失った点では大きな損失と考えられる。

若狭武田氏の滅亡

既に述べたように、永正十四年（一五一七）丹後守護代延永春信と通じた逸見《へんみ》河内守の反乱、天文七年（一五三八）には粟屋右京亮元隆の反乱が起ったが、いずれも武田氏の家督相続をめぐっての反乱と考えられ、これはどうにか平定はしたものの、西の一門衆逸見氏と東の譜代衆粟屋氏のような武田氏の重臣の反乱であって、そのまま武田氏の家臣統制の弱体化をばくろしたものであった。

武田氏の家督争いは六代信豊から七代信統《のぶつな》（義統）へかけても起ったらしい。永禄四年（一五六一）両者間に和睦が成立し、義統が武田氏最後の当主となった頃には、守護と云ってもまったく有名無実な存在となってしまった。このような状勢の中でこの年、逸見昌経と粟屋勝久が丹波の法雲勢を頼んで同時に武田義統に対して叛旗《はんき》をひるがえした。永禄四年五月、朝倉方は敦賀郡司の朝倉景紀を大将として武田への合力勢一万を若州へ進発させた。六月末には高浜まで進み、法雲・逸見の城を落し、八月十六日に越前へ引き揚げた。朝倉方の合力によって義統は家臣の反乱を危うく平定することができた。

しかし粟屋氏は三方郡国吉《くによし》城に籠城して頑強に朝倉氏に抵抗したので、永禄六年八月から同十二年まで毎年のように朝倉景紀の若狭侵攻が続けられた。国吉城では粟屋勝久を中心に国人・百姓らがたて籠って朝倉の侵略をくい止め、国吉城の落城は容易ではなかった。

永禄九年（一五六六）足利義秋（義昭）は姉婿義統を頼って若狭に入国したが、当時義統・元明父子は両派に分かれて抗争していたため、足利義秋は朝倉氏を頼って敦賀に居を移した。翌年武田義統が没したのを契機に、朝倉軍は国吉城を避けて近江から遠敷郡に入り武田氏の居城後瀬山《のちせやま》城を攻撃開城させ、武田元明を越前に連れ去った。ここに名実共に武田氏は滅亡し、若狭は国主を失った無主の国となってしまった。

将軍足利義昭の一乗谷来住

永禄八年（一五六五）将軍足利義輝は、逆臣松永久秀に殺された。弟の一乗院門主《もんす》（奈良興福寺）覚慶は還俗《けんぞく》して義秋と名乗り、翌年松永の追跡を逃れて近江から若狭に入った。しかし若狭は当時武田義統・元明父子が両派に分かれて抗争していたため、武田氏を見限り越前朝倉氏を頼って敦賀まで居を移したが、朝倉氏もまた多事多難であった。すなわち、翌永禄十年武田義統の死没を契機に、朝倉は若狭に軍勢を派遣する他、越前国内でも坂井郡の豪族堀江氏が加賀の一向一揆の後援を得て反乱を起した。年内に、朝倉氏はようやく若狭を平定し、堀江氏の変も収めたので、十一月二十一日、朝倉景恒《かげつね》の護衛で、足利義秋はついに一乗谷安養寺に旅装を解いた。約一年間の敦賀滞在であった。

同二十七日、義景は義秋の御所に伺候した。その出仕の盛儀は、幕府全盛時代の管領出仕の儀式にも劣らなかったと云う。この返礼として十二月二十五日、朝倉屋形へ義秋の御成りとなった。未だ征夷大将軍の官位にも登っていないので、密々の御成りではあったが、辻固めの次第や、献々の御進物などは将軍御成りにも異ならなかった。式は酒肴十一献まで行なわれた。

翌十一年三月八日、義景の母公は二位の尼に任ぜられた。酒肴十一献が行なわれ、終日終夜の遊宴であった。三月下旬、朝倉屋形の北東に当たる風光絶佳な客館、南陽寺（臨済宗）に、義秋を招いて終日遊宴が開かれた。そして折りしも爛漫《らんまん》と咲き誇った糸桜を題として、義秋以下公家が一首ずつ歌を詠み、最後に義景が一首を連ねている。

モロトモニ月モ忘ルナイト桜　年ノ緒長キ契ト思ハバ　義秋
君カ代ノ時ニ相逢イト桜　イトモ賢キ今日ノ言ノ葉　義景

四月上旬、二条殿が征夷大将軍の院宣を帯びて京都から下向した。義秋は一乗谷安養寺において、院宣を拝覧した。そして四月廿一日、将軍義秋は朝倉屋形において義景の加冠によって元服し、義昭と改名した。五月十七日は、将軍義昭の最初の朝倉屋形御成りであった。辻固めは厳重を極め、貴賤群集して行列のよそおいは目を奪うものがあった。『朝倉亭御成記』によれば、酒肴は初献より十七献まで続けられ、献を重ねる度ごとに進物が献ぜられた。各献の酒肴献立は当時の食生活、料理内容を知る上においても実に貴重である。三献の後、朝倉同名衆十八人が御礼に伺候し、四献の後、御能が始められた。十七献が済んで後、朝倉内衆（年寄衆）の重臣達が御礼に伺候した。

六月二十一日、義景は将軍義昭御所に召された。将軍家に召されるなどと云うことは、五摂家以外に無かったことなので、このたびの義景御召しは特例だったと云う。

朝倉義景の妻子

義景の最初の夫人は、細川晴元の息女であった。しかし女子を一人生んだだけで若死してしまったので、次に細川義種の息女（近衛殿）を迎えた。彼女は世にも稀な美人であって、義景も非常に寵愛したが、子供の生まれるきざしがなかったので、義景の母、二位の尼に仕えていた鞍谷《くらたに》刑部《ぎょうぶ》大輔副知の娘の小宰相《こさいしょう》の局《つぼね》を側室に迎えた。そして、福岡石見守の屋敷に置き、密々に通って息女二人と息男一人を生ませた。このため、正妻の近衛殿と義景との間は次第に冷たくなっていったので、近衛殿に仕える召仕共が、これをねたんで、小宰相の局を呪咀《じゅそ》していると風聞が広がった。これを聞いた義景は非情にも近衛殿を京都へ送り返してしまい、その屋敷の土を三尺も掘って新しい土と入れ替えて新御殿を造営して、小宰相の局を移し住まわせた。しかし、その局も永禄四年（一五六一）三月下旬、此の世を去った。この年行なわれた三里浜の犬追物や曲水の宴は、実はこの傷心の義景を少しでも慰めるために、家臣達が催したのだといわれている。

　永禄十一年（一五六八）六月廿五日、足利義昭の一乗谷滞在中に、義景の嫡子、阿君《くまぎみ》が七歳で突然此の世を去った（法名玉芳宗珍）。毒殺であったらしい。義景の悲歎は勿論のこと、御乳人親の福岡石見守・御守役の堀平右衛門も共に悲歎の余り、もとどりを切って出家してしまった。このように相次ぐ悲運で、心の晴れない主君義景を慰めるには、婦人以外にはないと考え、また朝倉家としての嫡子も必要だと云うことで、家臣達は多くの美女を集めて、義景に奨めた。この中で斎藤兵部少輔の息女の小将《こしょう》と云う女性に義景は心を寄せ、諏訪の谷に新しく屋形を建てて住まわせた（現在の諏訪館跡）。世人はこれを諏訪殿と呼んだ。義景の寵愛は甚しく、阿君丸を失った悲しみも次第に忘れ、ここに新しく息男が生まれた。元亀元年（一五七〇）の事と考えられる。これこそ天正元年（一五七三）朝倉氏の滅亡と共に、わずかに四歳で殺された愛王丸であった。

将軍義昭が一乗谷にやって来たことによる最も大きな収穫は、義昭の尽力によって朝倉氏と加賀の一向一揆との和睦が成就したことであった。永禄十年（一五六七）十二月十二日、一揆側の人質として頭目格の杉浦《すぎうら》壱岐《いき》法橋《ほうきょう》玄任《げんにん》の子を加賀から一乗谷へ送って来た。本願寺顕如《けんにょ》は義昭に対して「加越の和平の事で御尽力をいただき感謝します。以後少しも違反致しません」という手紙を送っている。一方、朝倉側も義景の一女を顕如の長男教如に嫁がせる約束をし、他の一女も越中勝興寺（高岡市）へ嫁がせている。いわゆる政略結婚である。ここに、年来の宿敵同志が和解し、来るべき共通の敵、織田信長に備えることになったのである。

足利義昭の上洛と織田信長の越前攻め

朝倉氏の軍勢を背景として上洛を目指していた将軍足利義昭も、阿君を失って悲歎に暮れている義景の愁歎を見て、朝倉氏頼むに足らずと考えたのか、隣国美濃の織田氏の許《もと》へ居を移すことになった。出立は永禄十一年（一五六八）七月十六日で、一乗谷滞在はわずかに九ヵ月であった。義景は将軍を再三にわたって慰留しようとしたが、聞き入れられなかったので、止むなく途中の警固のため、朝倉中務大輔《なかつかさたいゆう》二千余騎と前波藤右衛門《まえばとうえもん》二三　余騎をもって近江の国境まで送り、その先は浅井勢二千余騎で美濃まで守護した。そして足利義昭は西ノ庄（岐阜市）の立政寺《りっしょうじ》に入って、織田信長と対面した。

織田氏は、もと越前国織田庄の庄官とも、また織田剣神社の神官ともいわれ、越前守護斯波氏の被官となり、応永の頃、斯波氏の守護領国となった尾張の国へ移って、その守護代に登用され、清洲を本拠として尾張下四郡を支配した。信長の家はこの守護代織田氏の下にあって、三奉行の一家であったが、信長が自立しようとした頃の尾張国内はまだ混沌たる情勢であった。この中にあってまず対立する同族を次々に倒して尾張一国の統一を達成したのは永禄元年（一五五八）信長二十五歳の時である。

永禄三年、世に有名な桶狭間《おけはざま》の合戦で、西上する今川義元《よしもと》を倒してから、信長は着々と天下統一事業の準備を整え、永禄十年（一五六七）八月、ついに美濃の稲葉山城《いなばやまじょう》を落として、斎藤竜興《さいとうたつおき》を追放した。そして稲葉山城下の井の口を岐阜と改め、信長は居城をここへ移した。天下布武の第一歩が踏み出されたのである。このような情勢の中で、翌年七月、越前の足利義昭が美濃に迎えられたのである。

そして直ちに永禄十一年八月、信長上洛への行動が開始された。九月に兵を起して、途中南近江の六角義賢《よしかた》の観音寺城を落とし、九月二十六日、ついに足利義昭を奉じて入京した。当時、京都を制圧していた三好三人衆も阿波に逃れて、畿内はたちまち平定された。しかし信長は戦後処理を終えると、早くも十月二十六日岐阜に兵を引き揚げた。

信長の力を背景として将軍の座に着くことのできた足利義昭は、当初、信長を「武勇天下第一なり」とも、あて名に「御父織田弾正忠殿」とも書いて、信長の忠節を頼もしくさえ思っていた。しかし信長の急激な進出によって、その勢威が天下に認められるようになると、義昭も次第に不安を感ずるようになった。義昭だけでなく周辺の諸大名も信長に対する反発心を高めていった。信長の入京後、わずかに一年余りの間に、はやくも信長と義昭の対立が表面化し、さらに義昭を中心とした反信長陣営が形成されていったのである。信長はまずこの反勢力の先鋒として考えられた朝倉義景への攻撃を実行に移した。信長上洛の際、朝倉へも上洛をうながしたにかかわらず、これを拒否して、信長の命に従わなかったことに対する報復であった。

元亀元年（一五七〇）四月、総勢十万八千余騎の信長軍は近江坂本から若狭を経て、二十四日に越前敦賀郡に侵入した。朝倉勢の侵攻に悩まされていた若狭の国人逸見駿河守や粟屋越中守らは、挙《こぞ》って信長勢を迎え、先導を勤めた。天筒《てづつ》・金ヶ崎《かねさき》の両城を守るのは敦賀郡司朝倉中務大輔景恒《かげつね》であった。しかし、朝倉式部大輔景鏡の援軍は府中まで出馬していながら、なかなか合力しようとせず、信長方の猛勢の前に多くの将兵を失って、まず天筒城が落城し、続いて金ヶ崎城もまさに落城寸前となった。ここに木下藤吉郎（秀吉）を使者として朝倉景恒へ開城を勧めてきた。四月二十六日、景恒は涙を呑んで開城し、城から落ちていった。そしていよいよ朝倉本拠へせまろうとした折しも、北近江にあって待機していた浅井長政が、突然、信長に叛《そむ》くと云う知らせが信長の許に届いた。長政の妻は信長の妹、お市の方であって信長と長政は義兄弟であった。この関係を信頼していた信長にとっては晴天の霹靂であった。背後からの浅井勢の攻撃を避けるため、信長は急に撤退を決意し、四月三十日、ほとんど単身の状態で京都へ逃げ帰った。さらに京都から岐阜へ帰還する途中も幾度かの危険にさらされ、まさに命からがらであって、信長にとって最も苦杯をなめた一時期であった。

姉川の合戦

浅井家は北近江の守護京極氏の被官であったが、京極氏の衰亡と共に、越前朝倉氏や美濃の土岐・斎藤らと結んで勢力を伸ばした。浅井久政の頃、南近江の六角義賢の勢力下に入ったが、その子長政に至って六角氏を捨て自力の道を選んだ。

長政は信長の妹と結婚して信長と盟友関係を結んだものの、次第に強大化する信長の圧力に日頃から心よく思っていなかったためであろうか、父祖以来の朝倉氏との友好関係を重んじ、信長に離反する結果となった。

信長の敗走によって、朝倉方は勢いを盛り返し、五月十一日、朝倉式部大輔景鏡を大将として、魚住備後守景固、山崎長門守吉家、福岡石見守・勝蓮華右京進・溝江河内守ら、都合二万余騎をもって江州北部へ進発し、近江南部へも兵を進めたが、六角氏の抵抗はなかった。さらに小谷《おたに》城を守備するために美濃境の横山（長浜市石田）に城を構築して信長に備え、濃州の垂井《たるい》・赤坂（大垣市附近）一帯を放火して、六月十五日朝倉勢は一旦、越前へ撤兵した。

朝倉軍の越前撤兵後、間もなく織田信長の浅井攻めが始まった。過日の裏切りに対する報復であった。六月十九日、信長は三万の軍兵を率いて岐阜を出立した。そして、一隊を美濃境の横山城の監視のために置き、本隊は浅井氏の居城小谷城を取り囲んで、その城下を焼き払った。信長は小谷城と相対する西方の虎御前山《とらごぜやま》に本営を置き、柴田・佐久間・蜂屋・木下・丹羽等の諸将をして附近の村落に放火せしめた。しかし浅井方は朝倉援兵を待ってこれに応戦しなかった。このため信長は竜ヶ鼻に陣を移し、専ら横山城包囲攻撃に兵を向けた。浅井長政はこれを救援せんとして手兵五千をもって大寄山に着陣した。この時、徳川家康が援兵を率いて信長陣に会した。一方、朝倉景健も一万五千の援軍を率いてようやく大寄山の浅井軍に合流した。

まさに戦機は熟した。浅井・朝倉軍は大寄山を下りて、長政は東方の野村に、景健は西方の三田村に、共に姉川を前にして着陣した。これに対して信長は浅井軍に対面して竜ヶ鼻の西北に、家康は朝倉軍を前にして東上坂の西北にある岡山の麓に陣した。六月二十八日まず朝倉・徳川両軍の間に戦いの火ぶたは切って落された。次いで浅井軍の磯野員昌《いそのかずまさ》が織田軍を衝きその軍容を乱した。浅井軍は優勢であった。しかし朝倉方は徳川軍に押され気味で、怪力で有名な真柄《まがら》十郎左衛門尉直隆父子ら多くの将兵を失った。世に有名な姉川の合戦である。なお当時の記録では、これを野村川原役と呼んでいる。

合戦のあった六月二十八日付で信長は次のような手紙を将軍義昭の側近細川藤孝《ふじたか》に送った。

今日巳の時、越前衆ならびに浅井備前守、横山の後詰として野村と申す所まで執《と》り出《いだ》し、両所に人数を備へ候。越前衆壱万五千ばかり、浅井衆五六千もこれあるべく候か。同刻、この方より切りかけ、両口一統に合戦をとげ、大利を得候。首のことはさらに校量《こうりよう》を知らず候間、注すに及ばず候。野も田畠も死骸ばかりに候。誠に天下のため大慶これに過ぎず候。

これらの趣を将軍義昭に御披露下され、と結んである。反信長陣営の中心人物である将軍義昭に対するみせしめであろうか。

朝倉氏の近江坂本出陣

姉川の合戦が両軍引き分けという形で退陣して間もなく、摂津（大阪）方面で本願寺と結んだ反信長勢力の三好党が行動を起した。八月、信長自身も出馬して一進一退をしていた頃、九月十三日、本願寺の顕如が一向宗徒の蜂起を指令したという知らせが信長の許に届いた。これと呼応して、朝倉・浅井連合軍が兵を起した。まず先兵として朝倉景健・山崎吉家・浅井長政が一万三千騎を率いて出陣し、織田方の守城、南近江の宇佐山と堅田《かただ》の両城の兵、七千騎をもってこれに当たったが、激戦の結果、堅田の城主、織田信治（信長の弟）が朝倉方の大陽寺右馬助景春に討たれ、宇佐山城主の森可成も討死した。九月二十四日には、朝倉義景が朝倉景鏡を随えて一万数千騎を率いて坂本に着陣した。勢いに乗った朝倉・浅井連合軍は怒涛のように逢坂《おうさか》を越え、山科・醍醐を焼き払い、先兵は白川方面から京都市中に入り、清水寺へ陣取った。元亀元年九月の年次を持つ朝倉景健や浅井長政の禁制状が現在、京都市内の賀茂別雷《かもわけいかづち》神社・離宮八幡宮・成就院（清水寺）・知恩院・大徳寺・妙心寺・東寺などの社寺に残されている。

その頃、摂津の野田・福島を攻めていた信長は、このような事態の緊迫さを知って、兵を急いで京都へ帰し、さらに下坂本に着陣した。この機敏な信長の行動によって、今度は朝倉・浅井軍が狼狽した。両軍は止むなく叡山に登り、ここに立てこもった。信長は叡山に対して味方をすれば延暦寺領を元の如く還付することを申し出た。そしてこれに応じなければ、根本中堂・山王二十一社を始め、社頭堂宇一切を焼き払うぞ、とも付け加えた。しかし信長の所領没収で苦汁をなめていた比叡山延暦寺はこれを受け入れなかった。その頃には、山門の宗徒をも含めた朝倉・浅井連合軍は四万にふくれ上がり、十月二十日にはその一部が叡山を下りて京都市中にせまり、洛外の修学寺・一乗寺・松崎方面を焼き払った。

一方、信長は堅田に再び新城を築いたが、十一月二十六日、北庄景行を大将とする印牧《かねまき》・三段崎・堀江・黒坂・堀・田子ら五千余騎は叡山を下りて堅田城を攻め落し、城主坂井政尚を討ち取った。元亀元年（一五七〇）もいよいよ押しつまった頃、両軍の間に厭戦《えんせん》気分がみなぎり和睦の話が持ち上がってきた。信長方は伊勢長島を始め、一向一揆の激しい蜂起に悩まされていたし、降雪の季節を向えて越前朝倉氏もその帰国が心配であった。そこで信長の働きかけで、元亀元年十二月十三日、正親町《おおぎまち》天皇と将軍足利義昭との調停と云う形で、織田方から稲葉伊予の子（一説には氏家常陸の子）と柴田勝家の子が、朝倉方からは青木の子と魚住の子が、それぞれ人質として取り替わされた。また織田と浅井との間に近江北部の領有範囲が決められた。そして坂本近辺の両軍の陣所・拠城はすべて焼き払われ、両軍は年内にそれぞれの自国へ撤兵し、四ヵ月にわたる坂本合戦はここに終わりを告げた。

織田信長の浅井攻め

元亀元年（一五七〇）末の坂本合戦は、信長にとって和平の成立により、その危機をからくも脱することができたが、信長を苦境に陥れた最大の原因が叡山の信長に対する敵対行為の結果であったから、信長に味方をすれば恩賞を、叛《そむ》けば一山焼き討ちも辞さないと申し送ってあるだけに、信長の当面の目標は、まず俗界に大きな権威を持つ叡山を葬り去ることであった。そこで、まず岐阜と京都の交通路に影響力を有している北近江の浅井氏を、元亀二年八月十八日攻めて、木本《きのもと》・余呉《よご》方面を焼き払い、横山城に兵を置いて浅井氏を牽制しながら、江南に兵を進め、一気に叡山を襲い、全山の堂塔のすべてを焼き払い、僧俗男女、子供に至るまで皆殺しとした。これが有名な信長の叡山焼き討ちで、その状況は惨胆たるものであった。虐殺された者三、四千人と、当時の記録は記している。

信長が上洛する際、常に立ちはだかっていた叡山を焼き討ちして、これを除いた後、今度はいよいよ浅井氏に対する攻撃であった。元亀三年三月五日、信長は数万騎を率いて岐阜を出立し、翌日横山に着き、浅井氏の小谷城と山本山との間に押し入って野陣を布いた。浅井勢は朝倉氏の救援の到着を待ってから出陣する手筈であったが、どうしたことか、その救援軍はなかなか到着しないため、信長勢は思うままに江北一帯を焼き払った。このような朝倉亘の遅参のため、初め本願寺の指令によって浅井・朝倉軍に味方するかに見えた江北の国侍も離叛する姿勢を示し、江北の本願寺系十ヵ寺に送った本願寺からの書状の中でも、朝倉軍の遅参のため計画が狂ったことを無念がる有様であった。

浅井氏の領内をじゅうりんした後、信長は早くも三月十二日には上洛し、妙覚寺に着陣した。そして直ちに河内（大阪府）の三好勢の攻撃に出た。これに対して反信長陣営の巨頭本願寺は、秘かに朝倉義景に書を送って出陣を促し、坂本までの出陣が不可能としてもせめて尾張・美濃口の往還通路だけでも抑えるよう申し送っている。しかし朝倉義景はなかなか動こうとしなかった。信長の電撃作戦とは対照的な義景のこのような優柔不断さ、そして戦機を摑み得ない不能さが、後に朝倉氏を滅亡させる遠因ともなったのであろう。

信長はその後一旦帰国し、改めて本格的な浅井攻撃に出た。七月十九日、先兵として信長の嫡男、信忠が出陣、続いて二十二日に信長自身の出馬となった。その勢、五万騎とも八万騎ともいわれ、先陣が近江の虎御前山に着いても、後陣は未だ美濃垂井・赤坂附近だったと云う。一気に浅井氏を攻め滅ぼそうとした信長の意気ごみを知ることができる。信長はまず義景着陣以前に江北一帯を焼き払い、七月二十七日から小谷城の前面にあたる虎御前山に要塞を構築し始めた。

一方、朝倉氏も浅井氏を救援すべく、まず五千騎を率いて朝倉景鏡が出陣し、七月十八日小谷へ着陣した。信長が虎御前山に築城し始めるらしいとの浅井氏からの急報が届くと、いよいよ義景の出陣となった。二十五日一乗谷を出立し、同二十九日小谷城へ入城して、さらに高山大づつ山に着陣した。その勢三万二千余騎と伝える。織田と朝倉・浅井との決戦がまさに展開しようとしていたのである。

両軍は最初対陣したまま、矢合わせをするだけで、合戦らしい合戦は行なわれなかった。ところが八月八日、越前衆の前波《まえば》九郎兵衛吉継《よしつぐ》父子が、同十日には富田弥六長繁《とみたやろくながしげ》・毛屋猪介《けやいのすけ》・戸田与次（又は増井甚内とも）らが、信長陣に駈け込んで寝返ってしまった。前波吉継は前年の三月下旬、篠尾辺での鷹狩りに遅参したため義景から勘当を受けたことを恨んでの寝返りだった。信長は彼らの帰参を非常に喜んだらしく、その恩賞として朝倉氏滅亡後、前波は越前守護代に、富田は府中城主に任ぜられている。また池田隼人助も織田方へ内通しようとした。すなわち「今夜城中からのろしを揚げたらこれを合図に大づつ城へ攻め込むように」との密書を家来の者に持たせて信長陣へ届けさせた。ところがその使者は信長陣へは行かず、義景へ報告してしまったため、池田隼人助は直ちに捕えられて首をはねられ、さらに六歳になる子供も越前から呼び寄せられ、みせしめのために首をはねて父と共に軍門にかけた。

また次のような椿事《ちんじ》も起った。朝倉出雲守の家来で竹内三助と上村内蔵助の両人が、「合戦らしい合戦も行なわず、いたずらに月日が過ぎるのは残念でしようがない。敵の虎御前山の城を焼討ちして人々の目を覚まさせてやろう」ということで、八月二十八日の夜、風雨にまぎれて、城中に忍び込み、途中、木下藤吉郎の中間《ちゆうげん》から怪しまれたが、どうにか切り抜けて、風上の小屋に火をつけた。火はたちまち拡がって小屋、七百余りを焼き、柴田の陣所はすべて焼けてしまった。この混乱に乗じて攻め込めば、城を簡単に落とせたであろうが、朝倉方はこれを見守っていただけで兵を動かそうとはしなかった。ここにも大将としての義景の戦機を失した不能さを暴露している。また両人に対してもさほどの恩賞もなかったので、これからは誰も命懸けで忠義を尽くす者はいなくなるだろうと諸人が話し合ったということである。

このように、両軍がほとんど合戦もせず、にらみ合っていた頃、反信長陣営の足利義昭や本願寺顕如らは、秘かに東国の雄、甲斐の武田信玄と連絡をとり、上洛を促していた。元亀二年末、相模の北条氏と同盟を結んで、背後の不安を取り除いた後、翌年、いよいよ西進計画を実行に移してきた。元亀三年十月、信玄は甲府を出発し駿河・遠江を経て、徳川家康の三河へと兵を進めて来た。信玄動くの報に接した信長は、虎御前山に木下藤吉郎秀吉・磯野丹波以下五千余騎を残して、十月十六日、突然美濃へ兵を返してしまった。徳川家康を救援するためであった。朝倉・浅井勢にとって、まさに好機到来であった。信長を信玄と挟撃することによって信長を倒すことが容易であったからである。

しかし、十一月三日、信長の築いた虎御前山から宮部までの堤を壊さんとして、朝倉方が攻撃に出ただけで、三方ヶ原合戦の始まる直前の十二月三日に、朝倉義景は大づつの城と丁野《ようの》の城に番兵を置き、越前へ軍勢を大部分引き揚げてしまった。これに驚いた信玄は、十二月二十八日付の義景宛の書状で、三方ヶ原の合戦の勝利を報ずると共に、「朝倉勢の過半が帰国したと聞いて大変驚いている。各々、兵を労《いた》わると云うことは当然のことだが、此際《このさい》信長を滅ぼす好機が到来したというのに、この度《たび》の（後方における）手薄な御備え、誠に労多くして功無しというべきか」と痛烈に非難している。

ここにも再三にわたる朝倉義景の機を見る甘さに、戦国大名としての失格さをうかがうことができる。

朝倉義景の近江出陣

三方ヶ原の合戦で大勝した武田信玄は、その頃からすでに病を患っていたので、長篠《ながしの》において西進計画を断念し、帰国する途中、元亀四年(一五七三)四月十二日、信濃の伊那《いな》駒場《こまんば》で、ついに不帰の客となってしまった。信玄の死は反信長陣営にとっては思いがけぬ大きな痛手であった。一方、これまで絶体絶命の危地に追い込まれていた信長は、まさに起死回生の幸運にめぐり合ったのである。

信玄が織田領内から兵を引き揚げると、信長は三月、直ちに軍勢を上洛の途につかせた。将軍足利義昭を威嚇するためであった。これを知った義景は、信長が帰洛の際、若狭より敦賀郡への侵入もあり得るとして、西近江の守備を厳しくし、義景自身、敦賀へ出陣して山崎・魚住以下三千余騎をもって織田方の粟屋氏の若狭佐柿城を攻撃した。そしてその北の中山に対城を築いて五月十日、義景は一乗谷に帰陣した。

信長は七月十九日将軍義昭を京都から追放した。二百三十五年に及ぶ室町幕府はここに名実共に滅びた。義昭の追放と共に、信長は朝廷に奏して元亀の年号を天正と改元させた。信玄がこの世を去り、義昭が追放された今となっては、浅井・朝倉の滅亡は時間の問題であった。信長は息つくひまもなく直ちに浅井攻撃へ出た。

足利義昭からの出陣の要請を受けた義景は、七月十日、山崎・河合の勢三千余騎を近江の西北へ出陣させたが、浅井方より、信長が横山表へ出陣との報を受けて、義景はさらに朝倉景鏡に出陣を命じた。しかし景鏡は軍兵が疲れ過ぎているという理由で、この命を拒み、次に溝江大炊助長逸《みぞえおおいのすけながやす》に命じたが、これも先年近江丁野之城の番手にあったことを理由として兵を動かそうとしなかった。そこで止むなく義景は、自身国中の諸兵を引率して七月十七日進発することにした。出陣に当たって義景は母高徳院《こうとくいん》へ暇乞《いとまご》いに参上した。尼公を始め、お側に仕える女房達は名残りを惜しんで涙に暮れた。義景は府中に一宿。翌日敦賀に着陣して安養寺に止宿した。

ところが八月上旬、浅井氏の属将であった山本山の城主阿閉《あつじ》淡路守・焼尾城主浅見但馬守・月ヶ瀬城主等が信長方の誘いに乗って寝返ってしまった。戦況はますます不利となり、浅井方からしきりに近江への出陣を促してきた。義景は「江州柳ヶ瀬へ出陣すべし」と命じたが、諸将は「今度の御出馬は御遠慮あるべきでしょう。信長の大軍に対して、当方はもっての外小勢であり、その上、柳ヶ瀬は背後に大山を負っており、柵一つもない所で野陣をして、もし一合戦をして敗北でもすれば、逃げる所もなく全滅の恐れがありましょう。浅井の小谷城は天然の要害で、そう簡単に落城もしますまい。もし落城して敵が攻め寄せて来ても、敦賀で踏みこたえる事もできましょう」と、出陣を諫めたが、義景の側近である鳥居・高橋が進み出て、「合戦の勝負は必ずしも兵の大小ではありません。異国にも漢の高祖が二十八騎で項羽の百万の大軍に打ち勝ち、我が朝でも一旦敗北した源頼朝がわずか七騎で勢を盛り返して、ついに平家を倒したではありませんか」と言って、義景に出陣を促したので、義景はこの両人の言を容れて、敦賀を進発しようとした。その時、一人の女性が現われ、気比大神宮からの御使だといって「義景様が江州へ出陣されれば必ず難に遭われるでしょう」と告げて来たが、番衆は一笑して義景に取り次がなかったので、その女性はしばらくすると、かき消すように失せてしまったという。先の義景出陣の際に高徳院らの惜別の愁嘆の描写など、『朝倉始末記』の筆者の朝倉滅亡を知っての脚色と考えられるが、義景の今度の出陣はまさに不運の一語に尽きるであろう。

刀禰坂の敗戦

天正元年（一五七三）八月十日、信長が大嶽《おおづつ》城・丁野《ようの》城を攻めるとの風聞が伝わると、義景は柳ヶ瀬村から田神山へ陣替えした。大嶽城の番手は小林彦六左衛門尉・斎藤刑部少輔・豊原寺西方院以下わずかに五、六百、丁野城の番手は中島宗左衛門尉・平泉寺宝光院以下これもわずかに六、七百ばかりであった。風雨の激しい十三日の夜半、信長の大軍はまず大嶽城へ攻め上った。落城寸前の時、信長陣営から旧朝倉家臣の前波吉継が現われて、説得の上、小林・斎藤を退城させた。丁野城も同様であった。大嶽・丁野の両城から火の手の上がるのを見た田神城の諸兵は味方の敗北を知ってたちまち騒ぎ立て、「柵一重も無い所でとても防ぎようがない。直ちに退陣すべし」とて、義景はその夜の中に田神山の陣を引き払った。

しかし、そのまま真直ぐに敦賀へ退けばよかったのだが、不運と云うべきか、また柳ヶ瀬に留まった。この頃すでに義景の陣中は敗色が濃く、評議まちまちの混乱状態にあった。ここに山崎長門守吉家が進み出て「当国（近江）まで御進発されたことは、ひとえに当家の運命が尽きて、滅亡のしるしでありました。伝え聞くところによれば、信長は智略無双の人物であり、柴田・丹羽・安藤・木下・明智などの智謀抜群の属将がいるのに、当方は小勢である上、勇将は病死または討死して、甲斐無き残党や葉武者《はむしゃ》ばかりでありますゝ。自国の然るべき所へ引籠って時節を待って反撃すべきではありませんか、浅井に引き寄せられ、住国を捨ててどことも知らぬ野原で無駄に討死することは誠に口惜しい次第です」と言い、朝倉掃部助景氏《かもんのすけかげうじ》も進み出て「疋壇《ひきだ》城まで御退き候え」と申したので、義景も「その儀尤《もっとも》也」と馬に乗った。総大将退却の報で、将卒もろ共に立ち騒ぎ、雨で足場の悪い路を我先にと疋壇を目指して逃げ退いた。途中、馬具・物具を捨てる事、踏処《ふむところ》もない有様であった。信長はこれを追撃し、刀禰《とね》坂《ざか》で追い着き、逃げ下る朝倉勢を後から射ち伏せ、突き伏せ、切り伏せたので、朝倉勢の混乱醜態は目も当てられぬ状態となった。

十五日の朝も白々と明けそめる頃、山崎長門守吉家・子息小次郎・朝倉掃部助景氏の三人は敵陣に斬り込んで討死した。この他討たれた朝倉家臣を含めて『朝倉始末記』は次の如く列記している。

山崎長門守吉家・同子息小次郎吉直・同七郎左衛門吉延・同肥前守吉達・同舎弟珠宝坊・和田三郎左衛門孝敏・同清左衛門孝次・鰐淵《わにぶち》将監吉広・同清左衛門吉次・神九郎兵衛勝久・山内弥五左衛門・璧田刈書頭吉澄・同七郎兵衛吉房・清水三郎左衛門・岩崎宗左衛門・増井五郎左衛門・禾田宗兵衛宗俊・田房十郎左衛門秀勝・西島彦五郎吉尚・久野六郎左衛門・同彦三郎・朝倉治部大

輔景弘・同権頭《ごんのかみ》道景・北庄土佐守景行・朝倉掃部助・同出雲守景盛・三段崎六郎左衛門・河合安芸守・一色治部太輔・詫美《たくみ》越後守・窪田左近将監・細呂木治部少輔・伊藤九郎兵衛・中村五郎右衛門・同三郎兵衛・同新兵衛・長崎大乗坊・疋壇六郎三郎・小泉四郎左衛門・神波宮内少輔・溝江左馬允・青木隼人佐・斎藤竜興

中でも鳥居与七は、十九歳で華々しくも敵と引き組んで刺し違えて名を後世に残した。また府中奉行印牧氏の一族、印牧弥六左衛門能信《よしのぶ》も捕えられて信長の前に引き出され、勇将であることをほめられて死罪を免ぜられようとしたが、生きて恥をさらすよりは死して名を千載に残したいとして信長の面前でいさぎよく切腹して果てた。

このように刀禰坂合戦では、朝倉方の精兵のほとんどを全滅させてしまったので、義景は止むなく戦場に腹を切って果てんとしたが、側近の鳥居・高橋に押し留められ、わずかに五、六騎ばかりで府中に退却し、さらに十五日の夕方一乗谷に帰陣した。

朝倉義景の最期

天正元年八月十五日の夕方、朝倉義景はわずかに数騎を随えて一乗の館に入った。朝倉方大敗北の報に接して谷中はまったく寂寞《しゃくばく》たるものであった。義景は家臣を前にして、「天は我を亡ぼした。我が運命はまさに尽きてしまった。されば、明日にも信長が攻め寄せてくるであろうが、最期の合戦をして屍《しかばね》を軍門にさらし、恨みを再生に報ずべし。家宝・重器をことごとく集めて焼き捨て、最愛の一子、愛王丸も生け捕られて敵に憂目《うきめ》を見せるよりも後顧に憂いを残さず、この手で害し、明日は心おきなく戦わん」とて左の袖で涙を拭《ぬぐ》い、右の手で刀を持ってまさに愛王丸を害せんとした時、鳥居兵庫助景親が進み出て、「重器を焼き捨てられることや、若君を害し給うことはしばらくお留まり下さい。万死に一生を得て、百度負けても一戦に利有ることも戦《いくさ》の習いでございます」と高橋・式部大輔景鏡共々に申したので、義景も思い留まり、「されば加州の一向宗徒を頼んで豊原寺へ退出しよう」といったが、景鏡は「まず大野へ退出されることが得策でございましょう。大野は山深く、また平泉寺も味方をしてくれれば、よもや信長もそうたやすくは攻められますまい」と言ったので、大野への退去に決定した。

十七日朝、義景はまず氏神の赤渕《あかぶち》大明神に社参した後、義景主徒は羽生《はにゅう》街道を通って大野へ落ち延びていった。御供の侍は、桜井新左衛門・平井三位父子・築山《つきやま》小五郎・藤田忠左衛門・加藤新三郎・鳥居兵庫助・高橋新助・山内七郎左衛門父子・式部大輔景鏡であった。若君、愛王丸は一刻ほど前に出発し、斎藤兵部少輔・同新三郎・小川三郎左衛門父子・同六郎左衛門・半田宗兵衛父子三人・今藤源三郎・九津見清右衛門・西山の僧真勝等がお供をした。又高徳院には窪田新右衛門・中村平五郎・石来民部亟・上田五郎左衛門・島津父子がつき随った。

その日の夜も暮れかかった頃、ようやく大野洞雲寺《とううんじ》へ入った。そして直ちに平泉寺へ黄金や名筆の絵讃を副えて書状を遣わし、最後の決戦に臨むべき旨を述べて、その応援を求めた。平泉寺の衆徒達は三社大権現の拝殿の前に集まって協議したが、結局は義景の敗色をみてとったため、信長へ同心することに大勢が決した。これを知った景鏡は平泉寺へ使者を立て「私も義景には意恨があるので、私に同心して共に信長方へ寝返ろうではないか」と誘ったので、平泉寺はここに一山同意して義景を見放すこととなった。

平泉寺衆徒は十六日未明、一乗谷に押し寄せ、谷中の屋形を始め、館々家々・仏閣僧坊を一宇も残さず放火し、その火は二十日まで続いて、一乗谷はまったくの廃虚と化してしまった。

一方、式部大輔景鏡は、義景の妹婿大野三河守と計って、十九日義景を洞雲寺から六坊賢松寺《けんしようじ》へ動座させ、二十日の早朝に、義景の陣所賢松寺を急襲した。ここに初めて景鏡の裏切りを知った義景は無念の涙を呑み、腹十文字にかき切って自害し、四十一歳の生涯を閉じた。二十二日卯刻であった。

義景辞世

七顚八倒　四十年中　無他自他　四大本空

法名　松雲院殿太球宗光大居士

義景一族と朝倉家臣の末路

朝倉義景の自刃後、義景の母高徳院と夫人小少将と遺児愛王丸の三人は、景鏡に捕えられ京都へ護送される途中、南条郡今庄の近く帰《かへり》の里《さと》で刺殺され、随行者の斎藤兵部少輔、九津見清右衛門、小川三郎右衛門・同六郎右衛門父子、西山僧（光照寺）真勝らもその地で殉死した。天正元年八月二十六日のことであった。一方義景の二人の娘の中、一人は大坂本願寺教如の内室となり、もう一人は宗栄茲春という比丘尼となって、鯖江の摂生寺に身を匿《かく》した。

この他、義景一族はほとんど悲業な末路をたどった。大正四年十月十一日、義景の実父、孝景に対して、贈正四位の宣下《せんげ》があった時、全国からその遺族と称して八人も名乗り出たという。しかし福井県庁においては、すべて証拠不十分として受理せず、御沙汰書は朝倉氏菩提寺の心月寺に保管が命ぜられた。

さて、天正元年八月の刀禰坂の合戦では義景の多くの忠臣は戦死し、残りの家臣の中、信長の軍門に降った朝倉の旧家臣達は、そのまま旧領を安堵《あんど》されて越前国内を治めた。

足羽郡一乗谷　守護代　桂田《かつらだ》長俊（旧姓前波吉継）
南条郡府中　城主　富田長繁
大野郡土橋　城主　土橋信鏡（旧姓朝倉景鏡）
今立郡鳥羽　城主　魚住景固
丹生郡織田　城主　朝倉景綱
丹生郡三留　城主　三富《みとめ》景信（旧姓朝倉）
足羽郡安居　城主　安居景健（旧姓朝倉）
坂井郡金津　城主　溝江《みぞえ》長逸《ながやす》

しかしその後、富田長繁の謀叛に端を発して、一向一揆が蜂起した。一向一揆は義景を裏切った旧家臣の誅伐をスローガンに、信長に降った朝倉一族や旧家臣を次々に滅ぼしていった。義景を滅亡に追い込んだ張本人、朝倉式部大夫景鏡は信長に降った後、居城の名をとって姓を土橋とし、信長の一字をもらって信鏡と改めたが、翌天正二年四月十五日、平泉寺の滅亡と共に、一揆に追われて自害した。

義景の人物像

義景の時代は、文芸や学問がもっとも盛んとなった時代である。義景の連歌は後述するが、これと同時に和歌にも特に秀でていたらしい。『朝倉始末記』の中に永禄五年の曲水の宴や同十一年の南陽寺にての遊宴の際の義景の和歌が記されており、これについてはすでに紹介したが、福井市三崎玉雲家にも現在義景自筆の和歌短冊が一点残っている。さらに彼は、儒学をもって治政の根本とし、また兵学では小笠原流の弓馬の道を学んだ。また絵画に対しても極めて関心が高く、絵も書いたらしい。義景を朝倉氏の絵画的伝統の一員に加えても差支えないとさえいわれる。

以上のように、義景は当時の多くの戦国大名の中ではとりわけ文化的関心の深い、いいかえれば公家的な趣向の強い大名の一人であったことは否めない。このことが義景の滅亡と結びついて文弱に流れた劣君という酷評を生んだ結果となったものであろう。

しかし、滅亡の原因はやはり義景自体の性格にも由来するものと思う。すでに述べてきたように、強大な補佐役を務めた朝倉教景宗滴の死後、特に元亀三年以来の信長との合戦で戦機を知ることの不能さをさらけ出すなど、その決断力・判断力の欠如が朝倉氏の運命を決定づけてしまったのであろう。江戸時代に成立した『越藩拾遺録』の著者は、越前でなかなかまとまらない評定《ひょうじょう》を〝義景相談〟とか〝義景評定〟とか呼ばれていたことを例に引いて、義景の性格を優柔不断としている。また水上勉氏も、その著『越前一乗谷』の中で、義景の人物像を朝倉義景の画像（朝倉菩提寺心月寺蔵、国の重文）の面相に求めて、義景を神経質と観ている。

要するに、野人的武将織田信長と、文化人的デリケートな大名朝倉義景とが、戦国争乱の中に一たび対決すれば、このような帰結になることは、歴史の流れとして当然のことと云うべきである。

6　朝倉氏一族

朝倉孝景の兄弟

朝倉家臣団の中で最も高い地位を占めたのは、同名衆《どうみょうしゅう》と呼ばれる朝倉一門一族の子孫で、徳川幕府における親藩大名に相当する。朝倉孝景が越前の支配権を確立する過程にあって孝景に対抗した一族もあったが、孝景の兄弟・子供達が孝景を中心に団結して戦ったからこそ、朝倉氏の戦国大名化が成功したといえよう。

為景（家景）の嫡男は詳細不明ながら、与一石見守であったらしく、孝景は小太郎とありながら次男であったらしい。三男は与三右衛門尉経景、四男は慈視院光玖、五男は僧となった大孝寺聖室宗麟、六男は景冬、七男は僧の勝蔵坊久嶽紹良、八男も僧の聴竹軒定国宗楷侍者であった。この中で政治的にも軍事的にも活躍したのは経景・慈視院光玖・景冬の三人だけであった。

〔経景とその子孫〕

経景は通称与三右衛門尉、官名は下野守で、延徳三年（一四九一）正月廿六日五十四歳で死んでいる。法名壮嶽廉勝。『朝倉始末記』では大野城主としているが、誤まりである。『朝倉始末記本系図』に「経景―景職―尹景―景鏡」と次第し、景鏡が大野領主（郡職）であったことから、経景を大野城主初代としたものであろう。つまりこの系図自体が誤まっていて、「経景―景職―景隆―景健」とするのが正しいものと考えられる（詳細は、松原信之著『朝倉光玖と大野領』福井県地域史研究第五号）。兄孝景の死後、経景は朝倉家内における重要な人物であったと見えて、『大乗院寺社雑事記』の中にも所々にその名が見え、大乗院経覚がしばしば贈物をしている。

経景の子景職《かげもと》は通称を父と同じく与三右衛門と称した。また大徳寺の一休宗純の弟子の祖心紹越も経景の子であったが、明応六年（一四九七）三月廿日の真珠庵《しんじゆうあん》（大徳寺塔頭、一休和尚の庵）文書に「虎松」とあるのは景職の幼名と考えられ、祖心紹越は景職の腹違いの兄であったらしい。景職の名は永正三年（一五〇六）の加賀一向一揆の侵入に対して鳴鹿表を守る大将として初めて見られ、永正十四年にも朝倉宗滴教景の丹後出陣に従軍して若狭高浜御番代を勤めている。

天文二十年（一五五一）六月七日、朝倉右兵衛尉景隆は祖父下野入道《しもづけにゅうどう》の遺言として足羽郡太田保二上村国衙《こくが》分半済《はんぜい》を紫野真珠庵に寄進しているが、下野入道こそ経景と考えられるから景隆を経景の孫と考え、景職の子と考えたわけである。景隆・景健父子は、弘治元年（一五五五）加州陣総大将の朝倉宗滴教景の急死の後、総大将として加州へ進発しているし、永禄七年（一五六四）九月朔日にも景鏡・景隆が両大将となって加州へ出陣している。

元亀元年（一五七〇）頃、景隆の嫡子・次男・三男が相次いで亡くなり、その後景隆も死去して、末子の孫三郎景健のみが残った（『朝倉始末記』では景隆を景高と混同している）。景健も朝倉方の大将として活躍し、元亀元年九月には、京都市中へ浅井軍と共に兵を進め、洛中・洛外に景健の禁制状を何点か残している。しかし天正元年（一五七三）八月、朝倉義景滅亡後は、織田信長に降り、本領を安堵されて、その居城の地にちなみ、姓を安居《あご》と改めたが、翌年起った越前一向一揆に降服したため、翌天正三年一揆平定のため再び越前に入国した信長に滅ぼされた。

〔慈視院玉巌光玖〕　戦国武将には早くから剃髪して入道した者が多い。有名な上杉謙信や武田信玄がそうである。戦乱に明け暮れた当時、いつ戦場に倒れるやも知れなかった人間の弱さをあらわしていたのかも知れない。朝倉氏も初代孝景が晩年に英林入道となったといい、五代義景も法躰《ほったい》としての画像を今に残している。従って朝倉氏一族の中でも、俗名としてよりも法名として知られる人物として、慈視院玉巌光玖《じしいんぎょくがんこうきゅう》と太郎左衛門尉金吾教景（昨雨軒、宗滴）の二人がいる。光玖は孝景・氏景・貞景の三代に仕え、宗滴は貞景・孝景・義景の三代を補佐して、この二人が朝倉時代のほとんど全期間にわたって政治的に重要な影響を及ぼしてきた。

慈視院光玖は英林孝景と十三歳年下であるが、幼い時から仏門に入り臨済宗の本山、建仁寺で僧になったらしい。しかし光玖自身の意志によって仏門に入ったかどうかは疑わしい。朝倉氏は代々、末弟の何人かを僧にさせているからである。後に、建仁寺と関係の深い越前足羽郡安居の弘祥寺にも入寺していたらしい。光玖が初めて史上に現われるのは『大乗院寺社雑事記』寛正二年（一四六一）のことで、光玖二十歳の頃である。坪江・河口両庄の段銭徴収のため、朝倉家の代官として京都より越前に下向しており、また文明元年（一四六九）には足羽郡安居保に打ち入って一条家の荘園を侵略しているから、僧というよりはむしろ武将として活躍したといってよい。

当時の室町幕府が禅僧を政治顧問や軍師として利用している所から、光玖も朝倉氏におけるこの様な立場の人物であったのであろう。従って朝倉孝景が越前を平定する背景に、光玖の政治的軍略的な才能が、大いに活用されたことは当然のことで、醍醐寺文書の端裏書にもあるように国中奉行人として府中に在住し、従来からの守護方の府中奉行人を、次第に朝倉方の支配下に収めていったらしい。

越前の中原は早くから平定されていたが、斯波義敏及びこれを擁立しようとする二宮氏の勢力の強い大野郡は文明七年に入ってようやく平定された。その後、反朝倉氏の残党が一時蜂起したようだが、この大野郡の郡代を勤めたのが慈視院光玖であった。

文明十三年孝景、同十八年氏景が亡くなり三代貞景が幼少で国主となると、光玖はその後見役として活躍し、宿老的な存在にまでなった。しかし、光玖には嗣子がなく、兄孝景の一子、小太郎教景（以千宗勝）を猶子（養子）としたが、文明十五年（一四八三）七月十三日、兄孫五郎景総に殺害されて以後、継嗣がいなかったと思われる。

その頃、朝倉氏の荘園侵略によって年貢の未進に苦しんでいた中央の荘園領主は、朝倉に経済的困窮を訴えた。河口・坪江の両荘を有する南都興福寺の大乗院も朝倉氏やその家臣達に再三にわたって物品を贈与してその歓心を買い、少しでも年貢収入を得ようとしていた。この場合でも慈視院へは、宗家の朝倉氏と同等の物品が贈られている点、慈視院の地位の重要性を窺うことができる。彼は明応三年（一四九四）正月五日、五十五歳で入滅したが、大乗院門跡の尋尊《じんそん》は、その日記に慈視院の入滅を記し、「河口・坪江の両荘の年貢がとにかく形だけでも半分入ったのはすべて慈視院光玖のお陰だ」と述べて感謝し、孫次郎貞景に丁重な弔意と供物を送っている。

〔景冬とその子孫〕　朝倉景冬は孫四郎・修理進、官名を遠江守と称した。越前の門戸に当たる敦賀郡の郡司として朝倉一族中、重要な地位を占めた。力が強く豪俠でありながら、行動は非常に軽かったので、景冬の在京中、京の人達は彼を朝倉の小天狗と呼んだという。長享・延徳の斯波氏との越前国をめぐる訴訟には、在京して朝倉方を代表して活躍した。明応四年（一四九五）九月二十日に死去し、法名は芳永宗弼。景冬の後、その子景豊が敦賀郡司を継承したが、文亀三年（一五〇三）四月三日宗家の朝倉貞景にそむいて滅亡した。

朝倉氏景の兄弟

孝景の子供は氏景を含めて男子だけで八人、女子四人あった。氏景の次弟は景明で、孫次郎または次郎左衛門尉を称し、法名大光。『宗滴話記』によれば、景明に小次郎という子があったが、詳細は不明。『心月寺本朝倉系図』では景秀を景明の子としている。同系図ではその子を次郎左衛門尉景尚、さらにその子を出雲守景盛としている。景尚、景盛は両者共に『朝倉始末記』にその名が見え、景尚は元亀初年死んでいるが、景明・景秀・景尚・景盛との継嗣関係については、不明である。

三男は孫四郎、箕輪《みのわ》家を継いでいる。

四男は孫五郎景総、文明十五年（一四八三）弟の小太郎教景を殺害して越前を亡命し、京都の細川政元に仕え、弾正忠元景と改めたという。しかし明応五年（一四九六）美濃国木田寺合戦に朝倉方の武将として出陣していて、この辺の事情が不明である。文亀三年（一五〇三）敦賀の朝倉景豊の乱に、景豊救援に向かって間に合わず、加賀に逃げ翌永正元年（一五〇四）越前へ侵入したが、これも敗北し、翌年四月四日能登国春木の斎藤館で病死した。法名大幢宗建。

五男は小太郎教景、文明十二年（一四八〇）八月廿八日の芝原合戦に十九歳で大将として出陣している。慈視院光玖の養子として朝倉家中で寵愛されたため文明十五年七月十三日嫉妬で兄の景総に相撲に事寄せて殺された。法名以千宗勝。

六男は孫七郎時景、法名叔海性波。丹生郡織田城に居城したが、宗家に謀叛を起して越前を追われた。岡山小坂氏系図によると、時景の子之景は小田原北条氏に仕え、天正十八年（一五九〇）北条氏滅亡後はその子孫が浪々の末、備前に住み着いたと云う。

七男は孫九郎左衛門尉景儀《かげよし》、兄の時景と同腹であって、時景の没落の後、明応年間（一四九二―一五〇〇）織田城主となった。『心月寺本系図』では景儀の子に丹生郡三留《みとめ》に居館した孫六郎景冬があるが、弘治元年（一五五五）八月十三日加賀において討死した。その子孫六郎景信も三留に住したが、天正二年の一向一揆によって滅亡した。

〔教景宗滴とその子孫〕 教景は文明九年（一四七七）孝景の末子として生まれた。孝景五十四歳の時の子である。若くして仏門に入り、本郷竜興寺に遁世して宗滴沙弥《そうてきしゃみ》と号した。文亀三年（一五〇三）景豊の謀叛を一早く探知して朝倉宗家を救った教景は、その恩賞として敦賀郡司に任ぜられ、享禄四年（一五三一）前後まで勤めた。また軍奉行としても活躍し、晩年に至るまで、何回となく侵入する加賀の一揆軍を撃退するなど、加賀のみならず近江へ或いは若州へも遠征して朝倉の武威を国外に示し、名将としての名を高らしめた。『若狭国羽賀寺僧徒記』に「金吾ハ今マ昨雨軒宗滴ト号ス、軍篇宝鑑之人也、自国他国トモニ可レ被レ揚二名後世一、萬人被二褒一了」とあることによって、その一面を知ることができる。

宗滴の遺訓を集めたものとして彼の従臣、萩原八郎右衛門尉宗俊が後代になって書き集めたものだ

宗滴年齢	年号	西紀	宗滴教景出陣
一八	明応　三	一四九四	豊原寺へ日帰、牢人出張ノ時十月廿一日合戦有。
一九	明応　四	一四九五	柳ヶ瀬陣、合戦無し。
二七	文亀　三	一五〇三	敦賀城責、卯月三日合戦有。
二八	永正　元	一五〇四	五郎殿出張ニ付テ早々合戦有。九月十九日、金井殿父子討執レ之。
三〇	永正　三	一五〇六	大一揆之時、七月十七日豊原より退口合戦有レ之。八月六日中郷河を越し、合戦有レ之。敵数多討執レ之。
三一	永正　四	一五〇七	玄忍出候時、八月廿九日合戦有レ之。
四一	永正一四	一五一七	丹後陣、足軽合戦幷城責有レ之。
四九	大永　五	一五二五	江州北の郡大(小カ)谷、七月十六日城責有レ之。
五一	大永　七	一五二七	京都泉乗寺、十一月十九日合戦有レ之。
五五	享禄　四	一五三一	加州陣、十月廿六日湊川を越し石河郡之内におゐて合戦有。其外度々足軽合戦有之。
六八	天文一三	一五四四	濃州陣、九月廿二日井之口悉放火。
七九	弘治　元	一五五五	加州陣、七月廿三日山城三ヶ所落居、但し二ヶ所にて合戦有レ之。八月十三日浜之手敷地口　一日之内両三度之合戦。

と云われる『宗滴夜話』或いは『宗滴話記』または『金吾利口書』などと呼ばれるものがあるが、この三十三項目に、次のようなことが書かれている。「父の英林孝景には男子が八人いるが、合戦の時、自身の持つ武器で実際に人を殺したのは、自分一人である。十八歳から七十九歳まで自国・他国への出陣は十二回である（以下略）」として三十四項目にその詳細を記している。右はこれを表にまとめたものである。

弘治元年（一五五五）七月、宗滴は総大将となって加賀一向一揆の討伐のため出陣した。七十九歳の老軀であった。そのため、その年の九月、ついに陣中において病を得、越前へ帰国して九月八日一乗谷で病没した。宗滴死没の三日前、すなわち九月五日に宗滴腹症のため一乗谷へ出仕せよとの医者印牧軒宛の書状が、南江守仏照寺文書中から発見されている。宗滴が母のために創建した東郷（福井市）の永昌寺に彼の位牌もある。法名月光院殿照葉宗滴大居士（東松院殿秋葉宗滴大居士）。

光玖と教景は生きた時代こそ異なるが、共に朝倉時代における国主を補佐した重要な二大人物として著名である。しかし、光玖が大野郡司の他、国中奉行・宿老的な存在であったのに対して、教景は敦賀郡司と軍奉行を勤めただけで一乗谷の政治には直接に関与はしなかった点、光玖とは対照的な人物である。『宗滴話記』に「自分は軍奉行であって大将ではない。大将はあくまで義景様だ」とある意識、また「天下を取り、御屋形様（義景）を上京させるための謀略をさまざまに思案する間に夜を明《あか》した」とあり、宗滴が義景を奉じて天下に君臨しようとした野望のあったことが知られる。まさに戦国時代の覇者としての風貌を持っていたことが知られ、文弱に流れた義景とも対照的な人物であった。従って宗滴の死は結局は朝倉の滅亡にもつながるものだったのである。

教景には実子がありながら、甥（貞景）の子、すなわち孝景の弟、景紀《かげただ》を養子とした。これについて『宗滴話記』三十二項目に次の如く述べている。「我々はたとえ不具者でも実子を相続させるべきなのに、実子を止めて養子を迎えたのは知らない者は不思議に思うだろうが、天沢様（貞景）の御代に小次郎（次郎左衛門尉景明の子）が英林孝景の孫でありながら、既に縁が遠く朔日節供の出仕の際の諸侍のあつかいは実に粗末であった。従って惣領家（孝景）と縁が近くなるように、実子を止めて孝景の弟景紀を養子に迎えた。これはすべて私の家来のためにやったことである」。江戸時代に諸大名が将軍家から養子を迎えて家格を高めようとしたのと似ている。

景紀は孫九郎、または九郎左衛門と称し、享禄四年（一五三一）頃に敦賀郡司を継承している。永禄十年（一五六七）将軍足利義秋（義昭）が一乗谷に来越した時、すでに入道して伊冊《いさく》と称していた景紀に、義秋から頭巾が免ぜられたが、その頃式部大輔景鏡とは座敷論（着座順位についての争い）が起って景鏡は将軍伺候へは不参であった。景紀は、永禄初年頃、嫡男の孫九郎景垙《かげみつ》に郡司職を譲ったと考えられる。しかし、永禄七年（一五六四）九月一二日、加賀出陣中、朝倉景隆と大将争いをして負け、陣中に自害した。当時、景垙の嫡子は二歳であったため、景垙の弟、松林院応瑳を還俗させて、敦賀郡司を継がせた。中務大輔景恒《かげつね》である。元亀元年（一五七〇）朝倉攻めのため押し寄せた織田信長勢によって金ヶ崎城を取り巻かれた景恒は、朝倉方の合力も得られず、信長の説得によって止むなく開城し、面目も無く永平寺へ入寺して出家してしまった。永禄七年景垙自害の後、景紀は当時二歳であった孫の七郎（景垙の子、与七景友か）と共に、知行地の今立郡川島（現鯖江市）に隠居し、傷心のまま、元亀三年（一五七二）五月一日当地で死んだ。景恒の子、彦四郎権頭道景も天正元年八月十三日、十七歳で刀禰坂の戦で討死した。

朝倉貞景の兄弟

貞景の兄弟は、最も信頼度の高い称念寺本『朝倉系図』には無いことになっているが、心月寺本『朝倉系図』には「玄蕃助景宗」と云う弟がいることになっている。景宗については傍証となるような文書記録は一切無いが、その子の玄蕃助景連は『朝倉始末記』に永禄四年の三里浜の犬追物を興行した際の奉行として名が見え、さらに元亀初年頃に既に死去したとも記されている。また当時の文書からも天文十九年（一五五〇）頃から永禄九年（一五六六）まで朝倉四奉行の一人であったこともわかる。

その子、三郎景胤《かげたね》も『朝倉始末記』の元亀三年（一五七二）七月の出陣の諸将中に名が見えるが、後に織田信長に降り、さらに一向一揆が起ると、これに服従してしまった。天正三年（一五七五）一揆平定のため信長が越前に入国すると、一揆の頸を四つ五つ持参して赦免《しやめん》を乞うたが、赦されず誅伐された。この他、心月寺本『朝倉系図』に景胤の弟、七郎景泰の名が見えるが確証は得られない。

朝倉孝景の兄弟

貞景の子女は、女子四人、男子六人となっている。嫡女は与三右衛門尉（景職か）妻女。次女は大成明玉、臨済宗南陽寺住。嫡男孝景に次いで次男は景高。三男は小太郎景郡、景郡については傍証史料がないが、その子掃部助《かもんのすけ》景氏は『朝倉始末記』によれば、天正元年（一五七三）八月十三日刀禰坂の合戦で討死している。四男は孫九郎（九郎左衛門）景紀《かげただ》、朝倉教景の養子となった。五男彦四郎道郷は波多（野）家を継承した。六男は孫十郎兵庫助景延、織田城主であったらしい。その子兵庫助景綱は天正元年信長に降り本領を安堵されたが、翌二年起った一向一揆に攻められ、五月下旬、兵を城に残したまま、夜にまぎれて妻子共々舟で敦賀に逃亡してしまった。三女は鞍谷殿（鞍谷刑部大輔晴政）妻女。四女は土岐殿（?）妻女。

〔景高と景鏡〕　景高は孫八郎、右衛門大夫と称した。『朝倉始末記』では右兵衛尉景隆と混同するなど、あまり知られていなかったが、最近の研究（『朝倉光玖と大野領』松原信之「福井県地域史研究第五号」を参照）で、兄孝景に叛逆した人物としてクローズアップしてきた。

すなわち大野洞雲寺文書から、景高は大野郡司として大野に在城したらしい。また『当国御陣之次第』によれば、永正十六年（一五一九）濃州へ出陣して、九月十四日正木合戦、十月十日池戸合戦を行なっているし、天文五年（一五三六）正月十六日には、大野郡穴間に出陣して、同十九日にその構《かまえ》を破却しているから、武将としても名声を博したものと考えられる。

景高は烏丸冬光《からすまるふゆみつ》の女《むすめ》を妾《めかけ》として公家に接近していた。特に三条西実隆《さんじょうにしさねたか》との交遊が深い。『実隆公記』に初めてその名があらわれるのは大永三年（一五二三）三月からであって、先の洞雲寺安堵状が大永七年であるから、景高が大野郡代となったのは大永年間頃からと考えられる。実隆は越前大野郡田野村に家領を有していたから、景高と実隆の親交の契機は、この田野村の年貢送付をめぐってであろう。

一方、大野市洞雲寺文書によれば、後にも触れるように、天文九年十二月五日の文書よりしばらくは朝倉奉行人奉書や朝倉義景の安堵状・判物に変わるから、少なく共、天文九年以前に景高の大野郡代（郡職）としての生命は終って、朝倉宗家の直接支配に移ったと考えられる。これを裏付けるように、ちょうど天文九年（一五四〇）九月二十三日に、この景高没落の端緒になったと考えられる事件が起った。

すなわち『大館常興日記《おおだてじょうこう》』によれば、幕臣伊勢貞孝の邸における楊弓の会に参会した朝倉景高と本郷常陸介が、将軍足利義晴の怒りに触れて出仕を停められた。当時、景高と兄の孝景とは不和であったらしく、景高が幕府から処罰されたことを非常に喜んだ孝景は、朝廷へ御所修理料として百貫文、また将軍家へも五十貫文を進上して景高を追放するように幕府へ願い出ている。この結果、景高は若狭の武田家へ身を寄せたらしい。

すでに述べたように、この頃若狭武田氏は元光・信豊とその一族信孝とが争っており信孝は朝倉孝景に身を寄せていて、その援助を借りて若狭侵入を企図していた。このような越前朝倉氏と若狭武田氏との対立を利用して、景高は若狭へ身を寄せたのであろう。また、当時朝倉氏と本願寺は激しく対立していたが、若狭武田氏は本願寺と好《よしみ》を結んでいたので、武田氏の支援を得て、景高は本願寺と結び、加賀一向一揆を味方として宗家を倒そうとしたらしい。これを裏付ける史料が、すなわち『證如上人日記』天文十年九月三日条である。

従朝倉右衛門大夫入道、初而為音信、以披露状一腰、馬代如常到来。又以一書申。仍末代成門下事。

一於末代御弟子仁可罷成事。

一参郡、御院家様江進上可申上事。

一以誓談可申上事。

右如此書之。在判也。

要するに、①末代まで本願寺門徒になる事、②越前国の中、三郡を本願寺に進上する事、③誓紙を提出する事の本願寺に対する三ヵ条、また取次に当たった奏者の下間丹後《しもつまたんご》に対しては、本意が達せられた場合、毎年三万疋の謝礼をするとまで約束している。しかし本願寺は景高の内心を見破ったのか、九月十一日返報を送って、これを拒絶した。

さて、従来の真宗史や一向一揆などの研究では、この史料をかならず取り扱ってはいるが、すべて誤った解釈のもとに史論を展開している。その第一の原因は右衛門大夫を孝景と誤認したために起ったことである。そして本願寺勢力を敵に廻すことの不利を悟った朝倉孝景が、本願寺との妥協の目的でこの様な書状を送ったのだとしている。

しかしながら、戦国大名朝倉孝景が父祖以来血みどろになって勝ち取ってきた領国を、一部とは云いながら、いとも簡単に本願寺へ譲渡しようとする孝景の意図それ自体が誠に不自然であり、また給人被官もこれをゆるすはずがないし、朝倉領国支配の最も安定強化された時期に孝景がこれほど卑屈になるとも考えられない。

この様な景高の本願寺接近策は、結局は孝景・景高兄弟の不和に発する内紛を背景として起ったことであって、従来の史家の云う朝倉家自体による本願寺との妥協政策ではあり得なかったのである。本願寺との提携策に破れた景高は、自己の野望の実現不可能を知ったためか、天文十二年四月、遂に若狭より九州へ没落することになったらしい。

この景高については、『宗滴話記』の中でも二ヵ所で触れられている。一つは、家来の召使い方についで宗滴が直接に忠告したこと、もう一つは景高に対する侮蔑と、景高滅亡についての注目すべき一条である。すなわち、大名で不都合な名声を博した様な者は大抵懐疑心に富んだ人間に多い。このため内者（家来）からまで隔心され、果ては自分に対する悪口を気にするようになる。また米銭黄金などの財宝を蔵に積ませて満足していても、一度不慮の凶事が起ると、財宝はすべて失い、家もろ共に滅亡してしまう。この様な例としては畠山卜三《ぼくさん》以来数多くあるが、当国においては右衛門大夫殿（景高）が最も近い例である、と記している。

さて景高は既に述べたように九州に没落しているが、『駿河記』によると、景高の子在重は越前から駿河に移ったとある。すなわちその注記には、父貞景の遺領をめぐって孝景・景高が兄弟争いをし、これに敗北して駿河に逃げ、中村一氏に仕え、その後徳川家康に仕え、長久手《ながくて》の合戦に戦功を上げたとしている。その子、藤十郎宣重は駿河大納言の家臣となり、遠江掛川二万五千石の城主となった。

さて朝倉義景を滅亡に追い込んだ謀叛人として有名な朝倉式部大輔景鏡《かげあきら》は、始末記本『朝倉系図』では朝倉経景《つねかげ》の子孫ということになっている。一方、浅羽本『日下部系図』では景高の子となっている。経景は代々与三右衛門と呼ぶのに対して、景鏡は景高と同様、孫八郎であるから、やはり『日下部系図』に従って景高の子とするのが妥当と考えられる。しかも景高と同様、景鏡も大野郡代であった。また景鏡は永禄九年（一五六六）足利義秋から式部大輔に任ぜられており、朝倉同名衆の中でも特に地位が高い。これは義景と従兄弟と云う関係からとも考えられる。しかし景鏡が宗家に謀叛した景高の子という点から考えると、いささか不自然さは感じられるが、この項で一応触れてはおきたい。

朝倉義景の兄弟

称念寺本『朝倉系図』には義景の兄弟は記載がないが、心月寺本『朝倉系図』には、景弘（治部大輔・播磨守）の弟と、大野三河守の室となった妹がある。勿論、史料では確証がない。

Ⅲ　朝倉氏の領国経営

1　一乗谷奉行

実力でもって国を勝ち取った戦国大名にとって、国内平定と同時に、しなければならない急務は、領国（分国）内における政治的な支配権の確立であった。つまり、家臣団や領国内に分散する国人層の統制、及び百姓等人民や土地に対する支配組織を整備することによって、年貢の徴収や夫役《ぶやく》・軍役《ぐんやく》などを確実に把握することであった。

このためには、まず行政機構を整備しなければならない。朝倉氏は越前国のうち敦賀郡と大野郡を朝倉一族に分割統治させ、その他の地域を一乗谷朝倉氏の直接支配地域とし、それぞれ奉行制度を置いて、複数の奉行人によって統治させていた。朝倉氏の居城一乗谷には、一乗谷奉行（朝倉奉行）が置かれていた。しかしこの奉行制がいつ頃から完備したものかは知ることができない。文献上における初見は『北野社家』の延徳二年（一四九〇）四月十一日条にある「両奉行、前葉（波）豊前守幷小泉藤右（左カ）衛門尉」である。文書として残る最古のものは永正六年（一五〇九）六月十一日（慶松家記録文書）

の「吉当・景宗・景理」の三奉行人奉書である。これ以降、四十数点の朝倉奉行人奉書が残っている。

これら一乗谷奉行人を分類すると、先の永正六年の文書の吉当・景宗・景理の三人の中、景宗は魚《うお》住《ずみ》帯刀《たてわき》左衛門尉《ざえもんのじょう》景貞《かげさだ》の子、備後守景宗《かげむね》であり、他の二名は不明である。次に古い史料は大永二年（一五二二）文書（福井市足羽社文書）の景宗・久徳・景梁連署状である。これにはそれぞれ氏名が傍記されているが、後に加筆されたもので誤っている。景宗は先の魚住備後守であり、久徳は前波七郎兵衛尉、景梁は土佐掃部丞《かもんのじょう》（朝倉一族か）に当たると考えられる。

大永七年（一五二七）魚住景宗が六十歳で死去するとその子景栄が奉行職を踏襲した（享禄元年—一五二八—劒神社文書の久徳・景栄・景梁連署状）。次の享禄四年越知社文書では久徳に代わって越中守景伝（朝倉一族か）が現われる。天文六年（一五三七）の西大連文書では景梁が消えて紹空が現われるが、花押が同じであるから紹空は景梁の出家した法名と思われる。

そして天文九年洞雲寺文書と天文十一年劒神社文書では、紹空が消えて景伝・景栄の両奉行人連署状になってしまう。しかし、四代孝景の晩年、天文十五・六年の文書では再び景定・吉藤・景伝の三奉行に復した様である。

天文十七年（一五四八）三月二十二日孝景が五十六歳で没して、延景（後の義景）が五代国主になると、奉行制度は一段と充実してくる。天文十九年足羽社文書から永禄五年（一五六二）劒神社文書までの十三年間、約十五点の連署状は、すべて景定（前波藤右衛門尉）・長利（小泉藤左衛門尉）・吉統

（河合五郎兵衛尉）・景連（朝倉玄蕃助）の四奉行となっている。朝倉景連は三代貞景の弟、景宗の子で同名衆の一人である。さて永禄六年の平泉寺文書からは前波景定が消えて、長利・吉統・景連の再び三奉行に戻り、永禄八年劔社文書からは小泉長利の代わりに、先の魚住景栄の子孫であろうか、魚住景当が奉行人の中に現われ、元亀頃からその子と考えられる魚住備後守景固がこれを踏襲している。河合吉統はそのまま朝倉滅亡まで奉行人として残る。一方朝倉景連は、永禄十年（一五六七）の洞雲寺文書以降、吉道に代わり朝倉滅亡まで続く。なお吉道については姓名不明。

魚住氏は播磨国（兵庫県）出身の赤松氏旧臣であったが、応仁大乱の時、孝景に臣従したもの、前波氏は一乗谷外の前波村出身の譜代国人衆、小泉氏は河口庄兵庫の庄官から転身したもの、河合氏は恐らく加賀出身の者であろうか。いずれも朝倉氏にとって重臣の家柄ながら、その出身は異なっており、これに朝倉支族を加えて、各界代表のような形で、三人または四人の奉行人の合議によって政治が行なわれた。なお行政の他、司法、すなわち訴訟等の裁判権をも兼ね備えていた。

この一乗谷奉行を根幹にして、府中には府中奉行（後述する）、さらに海陸の要衝、三国湊には海上奉行（仮称）または舟奉行ともいうべき奉行が置かれたらしい。『朝倉始末記』に永正四年（一五〇七）一向一揆を加賀へ撃退した後、「堀江中務亟・宇野新左衛門尉に下知せられて海上の通路を留めける程に」とある。堀江氏が三国湊に在住したことは三国の滝谷寺や性海寺の文書に徴せられ、また南条郡河野浦の西野文書中に宇野新左衛門尉が舟のことについて裁断を下している事実からも知ることができる。この他、国主の側近ともいうべき御奏者が置かれており、義景時代には福岡三郎右衛門尉吉清、続いて小林新介吉長などがこの任に当たっていたらしい。また必要にせまられて一時的に置かれたに過ぎないとはいえ、永禄十一年（一五六八）の『朝倉亭御成記』の中には〝楽屋奉行〟〝御座敷奉行〟などの名称も見える。

2 府中奉行

府中（現武生市）は、かつて国衙《こくが》の在った国府であり、国司が在庁して政務をとった一国の首都であった。朝廷の政権が衰えて武家の時代になると、室町幕府頃から府中に守護所が置かれた。しかし越前守護斯波氏は勿論、その守護代甲斐氏も在国することが少なく、小守護代《こしゆごだい》（又代《まただい》とも云う）が府中にあって中央の幕府・守護・守護代の命令を在地へ下達《げたつ》していた。このような守護代より小守護代宛の下達文書は八例に及ぶが、そのすべてが両奉行（小守護代）宛となっており、その人名から察するに、国人層ではなく中央から任命された甲斐氏の被官と目される。

応仁・文明の大乱以後、朝倉氏の越前における領国支配権の確立と共に、府中守護所は次第に有名無実化してくるが、なお遅くまで〝一乗朝倉〟と〝府中守護所〟は並立していたらしい。『大乗院寺社雑事記』の文明十一年（一四七九）九月十日条に、朝倉方と守護方との両記載があり、守護方の奉行として中央から派遣されたと見られる青木《あおき》隼人佐《はやとのすけ》康延《かげのぶ》と久原平兵衛の名が見えるが、これに対抗して朝倉方では慈視院光玖（孝景の弟）を国中奉行という形で、府中に置いたらしい。そして次第に守護方府中奉行人を光玖の配下、すなわち朝倉支配の組織に組み込んでいった。文明十八年（一四八六）の大滝神社文書では先の青木・久原は完全に朝倉方府中奉行人に転身している。光玖はその後、大野郡代として大野に転勤するが、青木・久原の中の久原を彼の被官（家臣）として大野へ伴っていったらしい。そして残りの青木氏と、朝倉譜代の家臣である印牧《かねまき》氏の両氏をもって、以後府中両奉行人として世襲させ、天正元年（一五七三）まで続いた。

府中奉行関係の文書をもう少し詳細に検討すると次の様になる。延徳二年（一四九〇）八月七日の宮川文書に行忠・康忠とあるのは、久原平兵衛尉行忠と青木隼人佐（晩年は上野介）康忠であろう。久原氏は先に述べたように大野に移り、明応六年（一四九七）七月二十七日の西野文書から印牧新右衛門尉広次に変わる。広次の下限は永正十二年（一五一五）閏三月十七日の西野文書で、同十五年十二月十三日の山岸文書から新右衛門尉美次となる。一方、青木康忠は大永二年（一五二二）十一月二十四日の西福寺文書を下限とし、同八年七月三日の越知山文書から青木隼人佑景康となり、晩年は上野介、入道して法名を紹悦と改め、朝倉滅亡まで続いた。印牧美次の下限は天文三年（一五三四）六月五日の西野文書とし、同二十一年十二月二十七日の西野文書から印牧丹後守美満となる。美次の後、その子の新右衛門尉（孝岳宗信居士）がその後を一時、継いだが、天文九年（一五四〇）四十六歳で亡くなったため、その弟の丹後守美満が府中奉行になった（『孝岳宗信居士肖像』）。美満も永禄三年（一五六〇）九月二十三日の瓜生文書を最後とし、同五年九月二十一日の宮前文書から景忠に変わって朝倉滅亡を迎える。

府中奉行所の支配区域は、文書の分布から判断すると、南条・丹生・今立の三郡の地域と推定され、その管轄内の民政を預り、訴訟の裁決や朝倉家の安堵状や宛行状に副状を附して執達せしめる機関であった。しかし重要な訴訟に関しては一乗谷奉行の裁定を仰ぎ、その指示に従って政務を行なっていた。

このように府中奉行は、中央の一乗谷朝倉氏の支配区域の一部分の施政を荷負《にな》っていて一乗谷奉行の下に位置しているかに見えるが、朝倉氏分国全体を管轄する職掌もあった。それは段銭《たんせん》・棟別銭《むなべつせん》などの徴収であった。この例としては天文二十二年（一五五三）十一月十日の南条郡宅良村慈眼寺への段銭・棟別銭（慈眼寺文書）・天文二十三年卯月二日の坂井郡新郷への棟別銭（西大連文書）・永禄三年（一五六〇）十二月十三日の坂井郡荒居郷への雑事銭（西大連文書）・永禄五年九月二十一日の坂井郡新郷への棟別銭（宮前文書）・永禄六年六月四日の敦賀郡善妙寺への段銭（善妙寺文書）・元亀三年（一五七二）五月二十七日の坂井郡新郷への棟別銭（宮前文書）などがある。府中がかつての守護所であったところから、越前一国の土地台帳がそのまま朝倉氏に引き継がれ、府中奉行所が管理していたからで、その徴収権も伝統的に受け継がれていったものであろう。『蔭凉軒日録』の延徳四年（一四九二）正月三日条に朝倉氏の「評定衆六人有之」とあるのは、評定衆が四人の一乗谷奉行と二人の府中奉行によって構成されていたのではないだろうか。

3　敦賀郡司と大野郡司

敦賀郡は上代以来、北陸への関門に当たり、若狭とも隣接していて越前の玄関口でもあったので、交通上・軍事上にも極めて重要な地域であった。しかしながら、隣郡の南条郡とは山岳によって隔絶され、現在でも嶺南の区分に入るほどの越前国内でも異なった文化圏を形成している。従って、斯波氏時代にはここに郡代として守護代甲斐氏の一族が置かれ、これを承け継いで、朝倉時代には朝倉一族による敦賀郡司の支配が行なわれた。従って敦賀郡は越前国内にあって朝倉氏の領国内でありながら、朝倉宗家及び一乗谷奉行の支配の及ばない治外法権的な地域であった。

敦賀郡司の初代は、朝倉孝景の弟、遠江守景冬であり、すでに文明四年（一四七二）頃からその職にあったらしい。景冬は明応四年（一四九五）九月二十日死去した（『大乗院寺社雑事記』）。その後、その子の孫四郎景豊がこれを継承したらしい。景冬の発給文書は文明四年の平松文書、同七年の西福寺文書、同十年の永厳寺文書、延徳三年（一四九一）の西福寺文書の四点あるが、次の文亀元年（一五〇一）九月十三日の〝川ふねの中〟に宛てた沙汰状（道川文書）の発給人花押が明らかに先の景冬の花押と異なるから、これが恐らく景豊の発給文書であろう。しかし、この景豊も文亀三年（一五〇三）四月三日、宗家に対して叛乱を起したので滅亡した。

この景豊の乱が平定された後、これに功績のあった朝倉教景（孝景の末子）が、その恩賞として敦賀郡司を与えられ、後に宗家の孝景（宗淳）の弟、孫九郎景紀《かげただ》を養子としたので、享禄四年（一五三一）頃景紀に敦賀郡司職が譲られた。さらに景紀は永禄初年頃、嫡男の孫九郎景垙《かげみつ》に郡司職を譲り、その景垙も永禄七年（一五六四）九月二日加賀の陣中に自害したので、その弟の中務大輔景恒に代わった。しかし、元亀元年（一五七〇）景恒が信長の金ヶ崎城攻めに敗北して、永平寺へ入寺してしまうと、景冬・景豊・教景・景紀・景垙・景恒と六代続いた敦賀郡司の支配も終幕となり、その後朝倉滅亡までの四年間は、朝倉宗家の直接支配地となった。

さて、朝倉宗家と同様に、敦賀郡においても郡司の下に郡奉行が置かれていた。敦賀郡における奉行連署状の初見は、永正三年（一五〇六）であるが、この奉行組織が整備されたのは、文亀三年（一五〇三）朝倉教景の郡司就任後間もない時期であったと推定される。奉行人は二名ないし四名の複数で、その出身を見てみると、朝倉宗家の重臣の一族を含めた教景の内衆、すなわち教景と共に敦賀に入部した彼の家臣が交代で勤めていた。さらにこの郡奉行の下には下代《げだい》（敦賀郡出身の土豪か）が置かれて、敦賀郡における行政機構の末端組織として在地と結びついて活躍した。

敦賀郡と同様に大野郡にも断続的ながら郡司が置かれ、朝倉時代後期には郡奉行の組織のあったことさえ実証される。この大野郡は九頭竜川の上流域に位置していて、大野盆地とその周辺の山地から形成されている。現在は交通の不便もあって過疎化現象を呈しているが、当時は美濃街道を扼《やく》する重要な交通上の要地に当たっていた。かつて関東に起った親鸞の教義も東海地方を経て一早く大野郡に伝えられ、越前における原始真宗の伝播は大野郡を抜きにしては考えられない。また斯波氏の越前・尾張・遠江の三ヵ国守護領国支配も、この美濃街道がそれぞれの連絡に重要な役割を果たしていたことは当然のことであったが、越前の中央部からは隔離されていて、特に守護所府中からは距離的にも遠かったので、斯波時代にも大野郡司が置かれていた。

朝倉氏の大野郡平定後、この大野郡司を継承して孝景の弟、慈視院光玖が郡司の任に当たったらしい。なお『朝倉始末記』などでは、大野領主として孝景の弟、下野守経景を初代とし、景職、尹景と継承したことにしているが、まったく傍証史料がなく誤伝である。

光玖は明応三年（一四九四）正月五日、五十五歳でこの世を去った。光玖には嗣子がなかったから、光玖の死後、誰が大野郡代を継承したかは不明だが（一時期朝倉宗家の直接支配の可能性もある）、四半世紀経て、大永年間頃から孝景（宗淳）の弟、孫八郎（後に右衛門大夫と号す）景高が大野郡司（郡代）となったらしい。この事実は大野の洞雲寺文書その他によって知ることができる。

景高は京都の公家、三条西実隆と交遊が深かった。交遊の契機は大野郡田野に家領を有する実隆がその年貢を送付してもらうかわりに、景高に文芸を伝授したことによるものであろう。実隆の日記

『実隆公記』に景高の名が現われ始めるのは、大永三年（一五二三）三月頃からであるから、景高の大野郡代就任もほぼこの前後であったと考えられる。

しかし景高は兄孝景と不和であったこともからんで、天文九年（一五四〇）九月没落する。そして天文九年十二月から永禄十年（一五六七）までの十六年間の大野郡関係公文書は朝倉奉行人奉書（四点）、朝倉義景の安堵状や判物（三点）に変わるから、この時期、天文・弘治・永禄頃は朝倉宗家の直接支配に移管されたものであろう。

永禄十年前後から大野郡司として朝倉景鏡が頭角を現わす。景鏡の最後についてはすでに述べたのでここでは省略するが、大野最勝寺文書によって景鏡の時代に大野郡にも郡奉行のあったことを附記して置きたい。

4　朝倉氏の兵力

戦国大名にとってもっとも重要なことは、軍事力であった。家臣達に知行地を与える代わりに、それに応じた兵力を出させた。朝倉方の兵力については『蔭凉軒日録』延徳四年（一四九二）の条に「朝倉一乗衆精兵五千、敦河（賀）兵三千、大野兵二千、併わせ一萬あり」とあり、同じく明応二年（一四九三）の条には「朝倉衆は六番に分け、毎番二千人、併せて一萬二千人也」とある。永正三年（一五

○六）七月、越前へ攻め込んだ加賀の一向一揆勢三十万に対して、これを迎え撃つため、九頭竜川の南岸に集結した朝倉勢は一万二千であったから、ほぼ先の史料を裏付けるものとなろう。

『朝倉始末記』によれば、朝倉時代末期の元亀元年（一五七〇）四月二十七日、敦賀郡へ侵入した信長勢を迎え撃つため、義景を総大将として出陣した朝倉勢は四万八千余と記されている。義景時代の強力な軍事力を想起せしめるが、いささか誇張もあるかも知れない。参考のため、次にその詳細を記したい。

区分	武将	兵数
近江の浅井長政への合力勢 柳ヶ瀬より匹(疋)田口へ向う。	朝倉出雲守景盛	一〇〇〇余騎
	三段崎権頭	五〇〇余騎
総大将 朝倉義景 出陣勢		
第一陣（先陣） 九〇〇〇余騎	山崎長門守吉家	二〇〇〇余騎
	詫美越後守行忠	二〇〇〇余騎
	河合安芸守宗清	二〇〇〇余騎
	朝倉土佐守景行	二〇〇〇余騎
	魚住備後守景固	一〇〇〇余騎
第二陣（本陣） 一〇五〇〇余騎	朝倉義景旗下（脇備）	三八〇〇余騎
	朝倉孫三郎景健	一五〇〇余騎
	栂野三郎右衛門吉仍	一〇〇〇余騎
	朝倉掃部助景氏	八〇〇余騎
	鳥羽右馬助景房	八〇〇余騎
	青蓮華近江守景基	七〇〇余騎
	鳥居兵庫助景親	五〇〇余騎
	山崎肥前守吉連	三〇〇余騎

	高橋新介	五〇〇余騎
	加藤新三郎	一五〇余騎
第三陣（後備）　三二〇〇余騎	小林三郎次郎吉隆	五〇〇余騎
	窪田左近将監	七〇〇余騎
	青木隼人正	五〇〇余騎
	一色治部大輔	五〇〇余騎
	富田弥六郎長繁	一〇〇余騎
一乗城（留守勢）　二〇〇〇〇余騎	武田中務大輔 斎藤兵部少輔	
大野郡穴馬・篠俣方面警固	大野郡亥山城主朝倉式部大輔景鏡	一〇〇〇余騎
坂井郡細呂宜下口方面警固	坂井郡金津城主溝江大炊助長逸	七〇〇余騎
坂井郡竹田・風谷方面警固	坂井郡長崎城主黒坂備中守景久	五〇〇余騎
南条郡河野口へ進発	丹生郡織田城主朝倉兵庫助景綱	五〇〇余騎
敦賀郡杉津口へ進発	桜井新左衛門	七〇〇余騎
	鰐淵将監	三〇〇余騎

5　朝倉孝景条々

鎌倉幕府が成立すると、従来の朝廷を中心とした律令制国家における律令と併行して、新しく武家社会にのみ通ずる武家法が生まれた。貞永元年（一二三二）に成立した貞永式目（御成敗式目）がこれで、室町幕府もほぼこれを基本として守護・地頭の統制を行なってきた。しかし、戦国時代に入り、戦国大名がその一円支配の及ぶ領国・領域（これを分国と呼ぶ）を形成してくると、その分国にのみ独自に通用する法令や規則を作った。これが分国法、または家法と呼ばれるもので、大内家の壁書、今川氏のかな目録、伊達氏の塵介集《じんかいしゅう》、武田氏の信玄家法《しんげんかほう》、朝倉孝景条々などは、そのもっとも著名な例である。

朝倉氏の分国法、「朝倉孝景条々」は、現在高等学校の日本史の教科書には、どれにも収録されている分国法であって、従来はすべて「朝倉敏景十七ヵ条」として記載され、親しまれてきた。しかし、これを詳細に検討してみると、この名題で果たして正しいのかどうかがまず問題となる。『中世法制史料集』の解題では、名号が「朝倉英林壁書」（黒川本）、「朝倉英林入道子孫へ一書」（新井白石本）、「朝倉敏景十七箇条」（群書類従本）、「朝倉孝景条々」（白和香本）等とあって一定していない。今までは類従本の題名が一般に用いられてきたが、本書の体裁からして原題はなかったものであろうし、とくに十六ヵ条編成の黒川本に「十七箇条」の名称は過当でないとしている。私もこの説には賛意を表するものである。それでは現在一般的となっている「朝倉敏景十七ヵ条」は、一体どの様にして生まれたのであろうか。

この問題をも含めて、昭和四十六年『福井県地域史研究』第二号で、「朝倉孝景（英林居士）に関する研究」と題して拙論を発表した。この中で、これまで一般的であった〝敏景〟を用いることは歴史的に正しくなく、孝景（または英林孝景）とすべきであることを立証し、同時に「元来、十七ヵ条は『朝倉始末記』の敏景を述べる章中にあったものを、塙保己一《はなわほきいち》が『群書類従』を編集した時、始末記の中から十七ヵ条だけを抜き出して単独に収録した際、「朝倉敏景十七ヵ条」という新しい名題を与えてしまったものと考えられる。これが明治以降、類従本の普及と共に、教科書にも収載されてしまったのであろう。敏景が歴史的に正しくないと考えられる現在、この名題は正しくない。『中世法制史料集』のいう「朝倉英林壁書」か「朝倉孝景条々」の別称の方が寧《むし》ろ正しい」と提唱した。

この結果、従来「朝倉敏景十七ヵ条」として統一されていた高校日本史教科書も次第に敏景を用いず、「朝倉英林壁書」や「朝倉孝景条々」「朝倉孝景十七ヵ条」と次第に訂正されてきたことは実に喜ばしいことであった。

さて次にもう一つ問題となることは、これが孝景によって制定されたものとすれば、十五世紀後半に成立した分国法として我が国最古の分国法と云うことになる。しかしこれも初代孝景時代にすべて成立したとは考えられない。その一例を示すと、「当家塁館《るいかん》の外《ほか》、必ず国中に城郭を構《かま》へさせらるまじく候。総《すべ》て大身《たいしん》の輩《ともがら》をば悉く一乗の谷へ引越しめて、其の郷其の村には、ただ代官《だいかん》下司《げす》のみ居置《すえお》かるべき」の一条は家臣の城下集住の史料として教科書にしばしば取り上げられる条項である。初代孝景より氏景、貞景までの三代は絶えず加賀より侵攻する一向一揆に悩まされ、当然これに備える必要から国人層のすべてを一乗谷へ集住せしめることは、朝倉時代前期においては不可能であったと考えられるからである。

さて福井県立図書館内の松平文庫の中に、江戸中期頃の写本と思われる『朝倉家之拾七ヵ条』が発見された。この冒頭の添書に次の如くある。「朝倉永（英）林入道子孫への一かき。ある夜、朝倉太郎左衛門尉物かたりいたし候ける。あらあら思ひ出し候。近代の名人に候之間、しかるへきや、又あしかるへきや、愚意わきまへかたく候。備二御一覧一其意をゑられ候べく候」。すなわち朝倉太郎左衛門尉（教景宗滴）が英林様（孝景）の子孫への覚えとして、或る夜物語ってくれたものをあらまし思い出して書き記したものだという。この筆者は宗滴家臣である萩原八郎右衛門尉宗俊であろう。要するに英林孝景が制定したとする論拠は現在の所、何もない。先の内容から判断しても、孝景当時のものとは考えられないとすれば、恐らく傑物の教景宗滴がその大部分を作成して、権威あるものにするため、「英林入道子孫への一かき」として、後世に伝えたものであろうか。内容は分国法と云っても直ちに法令と云うべきものでもなく、つまり、朝倉氏の支配体制を維持するための家訓というべきものであろう。しかし中には因習にとらわれない合理主義がうたわれた条文も多く、かえって疑義が残るとも云える。次に『中世法制史料集』第三巻所収の「朝倉英林壁書」を掲載したい。

朝倉英林壁書

一　於二朝倉之家一不レ可レ定二高老一、其身之器用可レ従二忠節一事、

一　代々持来なと丶て・団扇幷奉行職預らるましき事、

一　天下雖レ為二静謐一、遠近之国々に目付を置、所々之行跡を被レ聞候ハん儀、専一之事、

一　名作之刀さのミ被レ好ましく候、其故ハ万疋之太刀を為レ持共、百疋之鑓百挺にハ勝るましく候、百疋之鑓百挺求、百人に為レ持ハ丶、一方ハ可レ禦事、

一　四座之猿楽切々呼下、見物被レ好間鋪候、以二其価一、国之申楽之器用ならんを為二上洛一、仕舞を習はせ候者、後代迄可レ然歟、其上城内にをゐて、夜能被レ好ましき事、

一　侍之役なりとて、伊達白川江立二使者一候て、よき馬鷹被レ求間鋪候、自然他所より到来候者尤候、其も三ヶ年過ハ、他家江可レ被レ送、永持仕候得者、必後悔出来候事。

一　朝倉名字之中を始、年始之出仕之上着、可レ為二布子一、幷各同名定紋を可レ被レ為レ付、分限有レ之とて、衣装を結構せられ候者、国端在庄之侍ハ花麗に恐、貧乏之姿にて出悪なと丶て、構二虚病一、一年不レ出、二年三年出仕不レ仕者、後々者、朝倉か前へ祗候之輩可レ少事、

一　其身之成見悪候共、気なけたらん者にハ可レ有レ情、又臆病なれとも、用義押立よきハ、供使

之用に立候、両方闕たらんハ、所領之費歟、

一　奉公之者と無奉公之族、同事に会尺はれ候者、忠節之半漢いかて可レ有候哉、

一　さのミ事闕候ハすハ、他国牢人なとに、右筆させられましき事、

一　僧俗共に、一手に芸能あらん者、他国江被レ越間鋪候、但、其身之能を慢し、無奉公之輩ハ、可レ無レ曲事、

一　可レ勝合戦、可レ執城責等之時、撰二吉日一、調二方角一、遁二時日一事口惜候、如何様之吉日なりとも、大風に船を出し、猛勢に無人にて向ハ、其曲有ましく候、雖レ為二悪日悪方一、見合、諸神殊にハ八幡摩利支天に、別而致二精誠一、励二軍功一候ハヽ、勝利可レ為二案中一事、

一　為二器用正路一輩に申付、年中三ヶ度計、為レ遵二行領分一、土民百姓之唱を聞、可レ被レ改二其沙汰一、自然少々ハ形を引替〔候〕て、自身も可レ然候事、

一　朝倉〔か〕?館之外、国内□城郭を為レ構ましく候、惣別分限あらん者、一乗谷へ引越、郷村には代官計可レ被レ置事、

一　伽藍仏閣幷町屋等巡検之時ハ、少々馬を留、見悪をは見にくきと云、善をハ吉といはれ候者、不レ到者も、御詞に掛たるなとゝて、あしきをハ直し、よきをハ弥可レ嗜候、造作も不レ入、国を見事に持成も、国主の心つかひに寄へく候事、

一　諸沙汰直奏之時、理非少も被レ枉ましく候、若役人致二私曲一之由被二聞及一、在状分明ならハ、

負方可レ為二同科一候、諸事内輪を懃厚に沙汰いたし候得ハ、他国之悪党等、如何様に畯たり共不レ苦候、贔屓偏頗在レ之、猥敷掟行義と被二風聞一候ハヽ、従二他国一手を入者にて候、ある高僧之物語せられ候ハ、主人ハ不動愛染之ことくなるへし、不動之剣をひつさけ、愛染の弓を帯したる事、全衡にあらす、射にあらす、悪魔降伏之相にして、内心慈悲深重也、如レ其侍之頭をする身ハ、先我行跡を正して、士卒忠臣には与レ賞、不忠反逆輩をハ退治し、理非善悪糺決するを、しひ(慈悲)之賞罰とは申候ハん、たとひ賢人聖人之語を覚り、諸文を学したり共、心偏屈にしてハ不レ可レ然、語に君子不レ重則不レ威なと、あるをみて、偏に重計と心得てハあしかるへく候、重もかろきも、時宜時節に寄て、其振舞可レ為二肝要一事、

右条々、忽緒に思はれ候てハ無益候、入道一孤半身より、尽二粉骨一、不思義に国を執しより以来、昼夜不レ緤レ目令二工夫一、名人之語を耳に挟、諸卒を下知し、国家無レ恙候、於二子々孫々一守二此旨一候ハヽ、日吉八幡之御教と混しく思はれ、国をたもち候ハヽ、朝倉名字可二相続一、末葉にをゐて、吾まゝに振舞れ候者、後悔先立ましき者也、

朝倉弾正左衛門尉日下氏

孝景入道英林

6 朝倉宗滴話記

さて、この「朝倉孝景十七ヵ条」と対応して、ここでもう一つ触れなければならないことは「朝倉宗滴話記」のことである。朝倉宗滴教景については、朝倉時代の後半を生きて、武人として、また朝倉氏を支えるバックボーンとして、重要な人物であったことをすでに述べたが、「朝倉宗滴話記」については、従来、あまり知られていなかった。これは『朝倉始末記』が一般に広く流布して、その写本が福井県の内外に数多く伝来してきたのに対して、「宗滴話記」は伝来写本も少ないからであって、私の管見に及ぶ写本は、現在六種に過ぎない。しかも、地元の県内に関係するものは『朝倉叢書』に収録された一点に過ぎず、それも活字にのみ姿を留めて、その原本はすでに失われている。他の五点はすべて県外に伝来するものばかりである。

さて一般には「宗滴話記」と呼ばれてはいるものの、異本によっては「宗滴雑談」「宗滴夜話」または「左金吾利口条目」(『朝倉叢書』所収)など、その表題はまちまちである。要するに特定の表題がないことを意味し、宗滴の雑談であり、夜話であり、戦国時代を長期にわたって生き抜いた宗滴の実際にはだで感じた体験を通しての人生訓に他ならない。

現在六種の異本の中、『続々群書類従第十』に収められた「朝倉宗滴話記」が誤字も少なく完本に近いと見られ、一番利用し易い。条項は全部で八十三ヵ条ある。宗滴教景の家臣、萩原八郎右衛門尉宗俊が、日頃教景の物語ったものを教景の死後、まとめたものであろう。従って中には後世の書き加えと思われるような条項も一部含まれている。特に最後の条項は他の異本には見えない「続々群書類従本」（これを類従本とする）独特の条項で、内容も宗滴の生前中のものとは考えられない。すなわち「義景様が成人して以来、当国は安泰で大変結構なことである。この上は、いつ死んでも思い残すことはないが、ただもう三年間だけ生きていたい。それは命が惜しいからではなくて織田信長の将来を見届けたいからだ」とあることである。朝倉氏が織田信長に滅ぼされることを予想しての言のようで、はなはだ後世の潤色臭い。しかし他の条項の大部分は朝倉史を知るための史料として、また宗滴を通して当時の戦国武将の思想を知るためにも貴重な史料を提供してくれている。

武者奉行、軍奉行としての教景の思想の根本を貫くものは「武者は犬畜生と云われても戦に勝つことが第一である。（十条）」の一条項に代表されている。〝勝てば官軍〟、すなわち戦争にはまず勝つ事が第一だという。そして「侍も信心は肝要だが、過信してはいけない。その理由は、少しの事でも神仏のとがめだと思って心が惑わされてしまうからである。大体においてお経を読んで信仰することは、現世の安穏、後生に極楽、そして第一に戦に利あらしめること、これ以外はない。（七十四条）」として、実に信仰についても現実的である。

このような戦勝のためにこそ、彼の兵法があり、具体的な戦術や合戦に対する武者としての心得が生まれてくるのである。

「山城でも平城でも無理に攻めることは大将として不適である。その理由は大事な兵を目の前で見殺しにすることになるからである。（一条）」

「軍《いくさ》の場合、決して不可能と云うことを云ってはならない。心中を見すかれてしまうからである。（三条）」

「馬には時々堅大豆を水にふかしたもので飼《かう》べきである。野陣などで鍋釜がない時のためである。（五条）」

「大事な合戦の時や軍を退却させる時などは、士卒が大将の心中を知るため、ためすものであるから、決して弱々しい態度を見せてはならない。（九条）」

以上はその例を何ヵ条か示したものであるが、さらに宗滴は、自己の経験した合戦を述べ（三十四条）、その実戦の具体的な戦法にまで及んでいる（二条）。

また「武者を心掛ける者は隣国は云うに及ばず、諸国の道のりや海川難所なども知っておかねばならない。（三十九条）」として、近隣諸国への強い関心が、次のように、

「当代、日本に国持の無器用、人使い下手《へた》の手本と申すべき人は、土岐殿（頼芸）・大内殿（義隆）・細川晴元の三人である。（四十六条）」

「又、日本に国持、人使いの上手、よき手本と申すべき人は、今川殿（義元）・甲斐武田殿（晴

信）・三好修理大夫殿（長慶）・長尾殿（上杉謙信）・安芸毛利殿（元就）・織田上総介《かずさのすけ》殿（信長）、関東には正木大膳亮《だいぜんのすけ》殿（里見義堯の重臣）、と云える。（四十七条）」

という鋭い観察にまで及んでいる。

この「宗滴話記」の中に流れている特色の一つは、中興の祖と云うべき父の英林孝景の末子とは云いながら、その子であったことへの誇りであろう。先人の言行録として、約十ヵ条に英林孝景について触れており、母の桂室についてはニヵ条、そして宗滴が敦賀郡司であったことも関係してか、敦賀郡司の叔父、芳永（景冬）の語が四ヵ条にわたって引用されている。その影響力の強さがうかがい知られるのである。つまり、「宗滴話記」は、宗滴が実戦や実生活の中での体験と見聞とを通して得られた教訓の集大成ともいうべきものであるが、中には現代の我々にも一脈相通ずるような教訓も含まれていて、改めて見直すべき史料と云えよう。

Ⅳ　朝倉文化

1　文化人の越前下向

応仁元年（一四六七）京都に起った応仁の乱は、京都では十年にして鎮まったが、火の手は野火の如く全国に広がり、約一世紀に及ぶ戦国時代の幕明けとなった。

汝《なれ》や知る都は野辺《のべ》の夕雲雀《ひばり》　あがるを見ても落つる涙は

と幕府の奉行人飯野《いいの》氏が詠じたといわれるこの歌の如く、京都はまったく荒廃に帰してしまった。公家や名僧などの文化人は京都を見限って地方に下る者が多く、この結果、地方も文化的に発展する時期を迎えるのである。特に越前は畿内にも近く、これらの文化を吸収するには比較的恵まれた位置にあり、しかもこれを受け入れ得た戦国大名朝倉氏も徐々に強力な領国の支配権を確立していたのである。

朝倉氏は京都文化には特に深く耽溺した大名であった。朝倉英林孝景が一乗谷で〝国司と称し、立《たて》烏帽《えぼし》、狩衣《かりきぬ》ニテ殿上人《でんじょうびと》ニナ〟った様に振舞ったといわれているのも、京都の公家社会に対するあこがれであって、文化の主体性も朝倉氏の居城、一乗谷を中心にして展開された。実に一乗谷は西の山口と対比されて、北陸の小京都ともうたわれたのである。

このように、越前一乗谷に文化をもたらした人々は先にも述べたように、当然都の公家や文化人であった。国学院大学助教授の米原正義氏著の『越前朝倉氏の文芸』（『戦国武士と文芸の研究』所収）によると、文明九年（一四七七）から永正九年（一五一二）三月までの三十五年間、すなわち孝景・氏景・貞景三代の在世中に、都から越前に下向した主な人々は、四辻季春・飛鳥井雅康・綾小路有俊・松殿忠顕・一条兼良・冷泉為富・北小路俊宣・二条持通・中御門宣胤・正徹の弟子正広・豊原統秋・烏丸冬光・飛鳥井雅俊・北小路俊泰・半井宗感・月舟寿桂等を挙げることができる。次の四代孝景の時代になると、朝倉文化はさらに爛熟した時代となる。そして、越前へ下向する都からの文化人も多くを数えるようになる。永正九年（一五一二）から孝景死去の天文十七年（一五四八）に至る三十六年間に越前に訪れた都人は、連歌師玄清・甘露寺元長・菅原（高辻）章長・大江俊泰・月舟寿桂・連歌師宗長・丹波親康・伊勢貞陸・松殿忠顕・四条隆永・半井明孝・同見孝・継天寿戩・豊原統秋・同熙秋・道悦・大宮（壬生）伊治・持明院基春・覚勝院了淳・清原（船橋）宣賢・谷野一栢・冷泉為和・飛鳥井雅綱・中御門宣秀・寿印・伊勢清表・甘露寺伊長・富小路資直・四辻秀遠・吉田兼右・烏丸光康・連歌師宗牧・大覚寺義俊・勧修寺晴秀・中御門宣治・菅原（東坊城）長淳・清原枝賢・転法輪公頼等である。

文明十一年（一四七九）八月二十三日、七十八歳と云う老体で前関白の一条兼良が越前へ下向した。目的は家領である足羽庄・東郷庄の返還を求めるためであった。朝倉孝景父子と対面し、非常な歓待を受けたが、二万疋を受け取っただけで下向の目的は果せなかった。この他、各公家達が家領の年貢や御料所（皇室領）の年貢を督促するための下向など、主として経済的な目的を持つ越前下向も多く見られたが、和歌や連歌や蹴鞠《けまり》や絵画などの教授のため招かれた者も多く、大なり小なり彼等は越前への文化の伝達者であった。中には越前でその生涯を閉じた者もあった。

2 連歌と和歌

戦国大名の文芸として見逃すことができないものに、連歌がある。連歌は鎌倉末期から武士や庶民間に普及し、南北朝には準勅選としての『菟玖波集《つくばしゅう》』を編んだ二条良基《よしもと》が出た。そして宗祇《そうぎ》に至って正風連歌が完成したのである。朝倉氏と連歌との最初の関わりは、歌僧招月庵正徹《しょうげつあんしょうてつ》の『草根集《そうこんしゅう》』に見られる。すなわち「日下部《くさかべ》敏景（孝景）すすめし月次に」として長禄元年（一四五七）七月から翌年二月まで京都において九回にわたって連歌を興行している。またその家臣堀江七郎景用《かげもち》も連歌に秀でていたことが、『朝倉始末記』に記されている。

文明十一年（一四七九）三月には越後下向の帰路、宗祇が弟子宗歓《そうかん》（後の宗長）を伴って一乗谷に孝景を訪問し、そこで打田《うちだ》太郎左衛門尉のために『老《おい》のすさみ』を著わしている。宗祇は文明十八年氏景没後、これを弔うため越前へ下向してから以降、明応九年（一五〇〇）までの間、越後への下向の途次とは云いながら九回にわたって越前を通過し、朝倉家やその家臣たちに連歌の面で影響を与えてきた。また宗祇門下の宗仲や帰牧庵玄清なども越前に下向している。

宗祇門下の中の第一の連歌師は柴屋軒宗長《そうちょう》であった。先に宗祇と共に一乗谷を訪れてから二度目に越前を訪問したのは、宗淳孝景の時代永正十二年（一五一五）のことであった。この旅は『宇津山記』に見えるように越前国に〝尋《たずね》しるべき僧〟があったので行ったのだと記している。〝尋しるべき僧〟とは、孝景の弟、朝倉経景の息、祖心紹越だと云われている。紹越は一休和尚で親しまれている京都大徳寺の塔頭《たっちゅう》酬恩庵や真珠庵の庵主であったが、永正十二年の頃はこれを退いて越前深岳《しんがく》寺を創立し、そこに起居していた。今までこの深岳寺の跡については未知とされていたが、真珠庵文書（大日本史料）によれば、宇坂三萬谷福松と云う在所に深岳寺があったと記録されているから、一乗城山の東北麓にあたる三萬谷《さんまだに》（旧下宇坂村、現美山町）地籍にあったことが知られる。すなわち三萬谷の南西部の山麓に天沢寺跡があり、それに続いて卯塔や坊ヶ谷と呼ばれる地籍にかけて禅宗の寺院跡のあったことがわかった。ここはちょうど一乗城の東北鬼門の地に当たり、しかも、一乗城にも通ずる枢要の地でもあった。永正十二年（一五一五）宗長が美濃街道を通ってこの深岳寺に一泊して翌日、一乗谷に入っているのも深岳寺の位置を示唆するものである。宗長は七月から十月始めまでの三ヵ月間、一乗谷に滞在する間に、朝倉教景宗滴や山崎、そして府中奉行人の青木・印牧などの屋敷に招かれて連歌の座に加わっている。

翌十三年には敦賀郡司朝倉教景に招かれて、気比社造営の無事を祈願して法楽連歌を張行《ちょうぎょう》して、同十六年にも大徳寺山門再建援助を朝倉に取り付けるために越前に下向している。さらに大永三年（一五二三）四月にも越前に下向し、八月下旬までの四ヵ月にわたって朝倉家臣や深岳寺、あるいは遠く白山平泉寺まで赴いて連歌の座に臨んでいる。

宗長は享禄五年（一五三二）八十五歳でその生涯を閉じた。彼は駿河の出身でありながら、京都と越前を往来し、連歌の面で越前に大きな影響を与えたが、特に敦賀郡司の朝倉太郎左衛門尉教景宗滴と深い親交があった。『宗滴話記』に北条早雲の人物観について「宗長常々御物語候事」とあるように、教景が連歌の教授を目的としたためだけではなく、諸国を旅するという連歌師の特性を利用して、近隣諸国の大名の動静を探ることにも目的があったらしい。宗長の門下の宗牧も天文九年（一五四〇）頃一乗谷に在国して連歌を吟じたが、続いて義景に連歌を教えた人物としては宗養と細川藤孝がいる。宗養は宗長の門下の宗牧の子で、永禄二年（一五五九）十一月に越前へ下向し、一乗谷で越年して、義景の家臣と共に方々で連歌を興行している。また義景は細川藤孝にも連歌を学んだと云われ、永禄十年（一五六七）四月上旬、すでに来越していた足利義昭を慕って朝倉氏に身を投じた関白二条晴良を饗応するため、義景が興行した連歌会で藤孝が発句したともいわれている。

3　兵学・儒学・医学

戦国大名にとって最大の関心事は、戦いに勝つためにはどうすればよいかということであろう。つまり兵学の研究こそ戦国大名にとって必須の条件なのである。英林孝景を始め、歴代の国主が兵学を学んだことは当時の史料に散見されるし、「六韜三略《りくとう》」などの兵書を学んだ近臣衆もいた。すでに述べた『朝倉宗滴話記』などは、朝倉家にとって最も現実的な兵書だったというべきであろう。

兵学の研究と同時に武術を修めることも当然のことであった。『中条流系図』（加能越文庫）によると、朝倉孫右衛門教景（英林孝景）が甲斐八郎左衛門尉と共に、中条流武芸を相伝されている。また富田慈源から剣術を修めて大成した門人も朝倉家臣の中に多く、燕返《つばめがえ》しで有名な佐々木小次郎の伝説もここから生まれた。

兵学と儒学とは車の両輪に相当し、文武両道の文に当たるのが儒学である。孝景を始めとした歴代国主の事績の中にも、この儒教精神が貫かれているようである。

一乗谷における儒学の興隆に大きく貢献した代表的人物としては、儒者の清原宣賢《のぶかた》を挙げることができる。清原宣賢は吉田神道の大立物であった吉田兼倶の第三子として文明七年（一四七五）三月京都に生まれたが、儒学の名家として知られる清原宗賢の猶子となって、その家業を継いだ。講説に最も長じており、後柏原天皇や後奈良天皇の侍講としても仕えた。

享禄二年（一五二九）二月、宣賢は大徳寺で剃髪して宗尤《そうゆう》と号し、四月に越前に下った。五十五歳の時であった。越前旅店において什公首座のため日本書紀神代巻上下二巻を講じた。その後、能登の七尾に行き、同年八月に帰洛した。宣賢が二度目に一乗谷を訪れたのは天文十一年（一五四二）のことで、同年六月には一乗谷日蓮宗慶隆院において、九月には金剛院発起によって、日本書紀を講じている。一度帰洛し再び越前へ来遊し、翌年五月一乗谷で書紀を講じている。ちょうどこの時に宣賢の孫に当たる清原枝賢が宣賢を尋ねて越前を訪問している。枝賢二十五歳の時であった。彼の越前紀行が有名な「天文十二年記」と呼ばれるものである。その後天文十四年（一五四五）には四月から六月まで、慶隆院で「蒙求」を講じ八月遊楽寺で「中庸章句」を講じて、十月に一旦帰洛し、再び下向、天文十五年（一五四六）から同十六年にかけて私宅や安養寺など一乗谷の方々で約二十回にわたって儒学を講じたことが知られている。

四代孝景が天文十七年三月五十六歳で歿し、五代義景が家督を継いだ。そして同十九年七月十二日にはついに宣賢も一乗谷で客死するに至った。時に七十六歳。足羽郡徳尾村（現福井市）曹洞宗禅林寺に彼の墓があり、ここに葬られたといわれていたが、最近になって一乗谷城戸内の八地谷《やちだに》山麓からも清原宣賢の墓が発見された。一石五輪塔だが、現在は最下部しか残っていない。この一面に

天文十九年

後浄居院殿宗尤大禅定門

七月十二日

と銘文が刻まれている。

次に朝倉時代の医学について触れてみたい。福井市南郊の江守にある仏照寺から発見された文書によって、その塔頭印牧庵・上池庵が医術をもって朝倉氏に仕えていたことが明らかとなったし、また月舟和尚の『養生室記』によると、前住仏陀寺融国上人（正考）が医術を修め、一乗谷外法興寺にあって朝倉氏の家臣の治療にあたったことが知られ、一般に僧侶による医学の普及があったと思われるが、やはり、朝倉時代の医学を述べるには、谷野一栢《たにのいっぱく》を抜きにしては考えられない。

一栢の出生は明らかではなく、越前生まれとも云われるが、奈良の蓮仙院の僧であった。初め仏門にあって易学をも学んだが、特に医学を好み、明に渡って医学を修めた。帰国してしばらく関東に居たが、後に京都へ戻ってからは医・経・易・儒の諸学を講じて、その名声は四方に達した。これによって、朝倉孝景に招かれ一乗谷外の高尾に屋敷を賜わった。谷野雲庵と改め、三段崎《みたざき》安景の子、安指（玉雲軒）に医薬の法を伝えた。朝倉氏滅亡後、三段崎氏は三崎と改めて北庄に移り、宗益の代には松平光通の侍医となった。現在福井市の医師三崎玉雲氏がその後裔である。この三崎家に伝わる有名な売薬の牛黄円《ごおうえん》は安指の創薬と云う。

谷野一栢は天文五年（一五三六）九月九日、朝倉孝景の命によって明の熊宗立が解釈した八十一難経と云う医書を校正して一乗谷で出版した。越前における書籍刊行の最初である。三崎家にはその版本が現存し、敦賀の西福寺にはその版木が現存している。

また朝倉氏の家臣・大月《おおつき》景秀も、吉田郡志比谷市野々村に在って医術を志して朝倉家軍用の万金丹の秘方を承けていた。朝倉氏滅亡後、やはり北庄に出て医薬を家業とし、現在も大月医院として存続している。

4　絵画・猿楽

中世後期、京都の大徳寺真珠庵を中心に活躍した絵師として曽我派がある。その祖は越前生れの兵部墨溪（文明五年死）で、その子式部宗丈（蛇足《じやそく》）は朝倉孝景（英林）の家臣であったと考えられ、後に越前から上洛して一休和尚に参禅し、真珠庵の襖《ふすま》絵《え》に筆才を振るった。宗丈の子、兵部景種（紹仙）もまた朝倉氏に仕え、四代孝景の命で湘南八景を描いたという。この後、兵部・宗誉・紹祥と、曽我派の絵師が生み出され、この影響を受けてか、朝倉貞景や義景も絵を画くことに秀れていたようである。

次に猿楽《さるがく》についてであるが、越前猿楽の歴史は相当に古い。越知山大谷寺小白山社と平泉寺白山社では鎌倉時代末期から近世までその祭礼に猿楽の参勤があり、このため著名な面打師も越前に多く生まれた。またこれら猿楽芸団は室町初期からすでに上洛し、越前猿楽と呼ばれ、御所を始め、京都の所々で上演したことが当時の諸史料に残されている。

朝倉時代に入ると、当然のことながら越前猿楽は朝倉氏の保護下に入った。朝倉英林壁書の一条に「京都から四座の猿楽を呼び下して見物することを好んではいけない。その代価をもって国内の猿楽の上手な者を上洛させて仕舞を習わせれば、後々までも大変有益である」とあるのは、国内の猿楽の保護を打ち出した一条である。永禄十一年（一五六八）五月、朝倉義景が足利義昭を朝倉亭に招いて饗応した時、能が演ぜられ、出演者の総勢は三十名で朝倉治下において養われた越前猿楽は見事にその芸を披露している。

越前で発達したもう一つの芸能として幸若音曲《こうわかおんぎょく》がある。南北朝時代、越中国守護桃井《もものい》直常の孫、直《なお》詮《あき》が創始者で、その幼名を幸若丸と呼んだところからその名が生まれた。彼は少年の頃、比叡山において仏典を学んでいたが、天性の美声で知られるようになったので、越前の白山権現（平泉寺）に籠ってその芸能をみがき、ついにその奥義を会得した。後、一乗谷に移って文明十二年（一四八〇）五月二日、七十八歳で没し、心月寺に葬られた。その後裔は丹生郡田中郷（現在朝日町西田中）に住み、朝倉氏の保護を受け、幸若音曲を伝えた。江戸時代も徳川幕府から扶持を受けて保護されたが、明治以後断絶した。

5　禅宗と朝倉氏

朝倉一族が檀那《だんな》となって帰依した宗派は禅宗（曹洞宗・臨済宗）である。特に越前には曹洞宗の大本山永平寺があるため、朝倉家の菩提寺である心月寺や英林寺（廃寺）などはいずれも曹洞宗であり、朝倉一族の死後、菩提を弔うため建立された寺院にも曹洞宗が多い。

朝倉氏は曹洞宗の他に、臨済宗の大徳寺派や建仁寺派とも密接な関係を持っていた。中でも朝倉氏と深い交渉のあった人物としては、永正・天文年間に活躍した月舟寿桂《げっしゅうじゅけい》がいる。彼の語録を集めた、いわゆる「月舟和尚語録」は当時の朝倉氏の動静を知る上において貴重な史料を提供する。三代貞景が娘の良玉のために金碧《こんぺき》日を奪うほどに立派に再興した南陽寺も、現在に残る禅趣味の南陽寺跡庭園からうかがわれる様に、やはり臨済宗の寺院であった。

中世の曹洞教団には、道元系の教団のほかに、臨済宗五山派のなかにあって一時隆昌をみた宏智《わんし》派という一派があった。この派は延慶二年（一三〇九）中国の宏智正覚五代の法孫である東明慧日によって我が国に伝えられ、円覚寺白雲菴、ついで建仁寺洞春菴などを本拠として、五山に進出した。この派の発展の上でみのがせないのは、その外護者で、とりわけ朝倉家との関係が深い。康永元年（一三四二）朝倉高景に招かれた別源円旨《べつげんえんじ》によって足羽郡安居《あご》に弘祥寺が建立され、また善応寺が開かれた。この両寺を中心に越前における宏智派が発展した。高景の養子紫岩如琳が弘祥寺に住し、ついで大孝寺を開いてからは朝倉一族から宏智派の禅僧となるものが続出した。衰退の一途をたどる運命にあった五山諸派の中にあって、宏智派が異例の発展をとげ最後の光彩を放った。もしも朝倉氏が上洛に成功したならば、この派も禅宗界の覇者たり得ただろうと考えられている。

次に、曹洞宗心月寺と臨済宗宏智派の弘祥寺の寺歴をここに紹介しておきたい。

〔心月寺〕　心月寺は、朝倉美作守教景を開基とし、竜興寺三世桃庵禅洞《とうあんぜんどう》和尚を開山として、教景の孫、朝倉英林孝景により創建された。寺名の大円山心月寺は教景の法名である大円院殿心月寺宗覚大居士による。開山の桃庵禅洞和尚は、越後の人（慈眼寺記録帳には奥州とある）。大見禅師に参してその弟子となり、享徳・康正頃か、竜興寺第三世を嗣いだ。寛正二年（一四六一）八月慈眼寺二十三世となり、文明六年（一四七四）竜泉寺八十世を嗣ぎ、それぞれ約一年間の輪住《りんじゅう》を勤めた。文明八年八月四日から同年十一月八日まで総持寺第二百七十七世の輪番に登った。この間、朝倉孝景の請を入れて一乗谷に心月寺を創し、その開山第一世となった。その後、文明十三年八月には再び慈眼寺に入寺し三十二世として再住した。文明十七年（一四八五）三月十二日入滅。

心月寺の歴住は、開山の桃庵和尚から現住持まで三十四世を数えるが、この中、朝倉時代百年間の住持は開山より観溪純察和尚まで九世である。この朝倉時代の住持は、ほとんどが本寺の慈眼寺を始め、本山総持寺の輪住を勤仕している。慈眼寺は毎年八月一日に入寺して翌年の七月三十一日までの約一年間輪住を勤める。本山総持寺の輪住はさらに期間が短かく、長くても開山桃庵禅師の約三ヵ月、短いのは四世大雄禅師の大永六年（一五二六）八月八日から同年同月九日までのわずか一日に過ぎない。

しかし本山に輪住として登ることは高い寺格の住持を意味するものであり、この辺にも心月寺が朝倉氏の菩提寺として、その厚い保護のもとに隆盛を極めていた事実を窺うことができる。これに対して十世以降の住持からは輪住を勤めるほどの住持は影をひそめてしまう。近世以降、朝倉氏という強力な外護者を失った心月寺の急激な寺格の低下を示すものであろう。

心月寺第七世の才応総芸について、『朝倉始末記』に朝倉義景と才応和尚との禅問答が記載されてある。或る時、義景が墨絵の牛を画いた扇子を才応和尚に示して「扇子は進上するが牛だけは返せ」というと、和尚は直ちに扇子をもって地を打ち「叱《しっ》」と云う。義景「まだ来ない。早々返したまへ」という。和尚いう、「足に任せて走り去ったから、追って尋ね出したまへ」と。この才応和尚の快答に感じて、義景は和尚を拝したという。また或る時、和尚は帆船を画いた扇子を義景に示し「此の船はどこへ着くや」といえば、義景は直ちに扇子を裏に返し「此うら（浦）に着船」と答えたので、「答話水の順《したが》うが如し」といって、今度は和尚の方が義景を拝したという。

天正元年（一五七三）朝倉氏滅亡後、心月寺は丹生郡入村（現鯖江市）に逃れ、天正末年から慶長初年にかけて、再び一乗谷の義景屋敷跡に再興されたが、慶長六年（一六〇一）結城秀康が越前に入部すると、北庄城下の現在の地に寺基を移した。一方、一乗谷の心月寺は、そのまま末寺松雲院として残った。その後、松平家からは諸役免許の朱印状を下附され、福井藩士を檀那としてその保護を受けた。当寺には、昭和四十五年、国の重要文化財に指定された「絹本著色朝倉孝景画像」「同　朝倉義景画像」の二幅がある。いずれも朝倉氏滅亡前後に製作されたものである。なお、心月寺跡は一乗谷の西新町、一字〝心月寺〟にあるが、旧酒生村（現福井市）の前波にも心月寺跡と称する所がある。

〔弘祥寺《こうしょうじ》〕　弘祥寺は大冶山弘祥護国寺と称し、かつては曹洞宗宏智《わんし》派に属して、朝倉時代には越前有数の大寺であった。『朝倉始末記』などによると、康永元年（一三四二）足羽郡安居に別源円旨を開山として越前朝倉氏の初代広景が創建したとしている。創建年の康永元年、及び開山の別源円旨については問題がないが、開基を朝倉広景とすることは正しくないらしい。すなわち、『東海一漚別集』や『朝倉徳岩居士（正景）小祥忌拈香《しょうしょうきねんこう》』（『五山文学新集』）などによると、広景の子の朝倉正景（高景）が弘祥寺を開創したとされている。開山別源円旨は、越前出身で、当時臨済禅五山派中の唯一の曹洞系であった宏智派に属していた。彼はその後、京都建仁寺へも入寺し、朝倉氏と建仁寺との関係の基となった。

当寺は、貞治三年（一三六四）十月に諸山《しょざん》に、また応永十九年（一四一二）には十刹《じっさつ》に列した。諸山とか十刹と云うのは当時の全国的な高い寺格を示すものである。弘祥寺住持より相国寺蔭凉軒へ入住した者は『蔭凉軒日録』によれば、心浩西堂（長禄二）・如辰西堂（寛正西）・契檀西堂（延徳元）がある。中でも『月舟和尚語録』（『続群書類従』十三）や『幻雲文集』などを残し、永正から天文年間にかけて五山における代表的な学問僧であった月舟寿桂（幻雲）は、永正初年、朝倉貞景の招きによって当寺に入寺、後一旦京都建仁寺に帰り、永正十五年（一五一八）朝倉孝景の招きにより再住しているが、朝倉氏の宗教生活に強い影響を与えた人物である。後にまた建仁寺二四六代に入寺し、天文二年（一五三三）十二月八日死去した。月舟の後、弘祥寺の住持となった人物には恵宝玉之や雲巣洞仙などがいる。

天正元年（一五七三）朝倉氏滅亡後、その外護を失い零落し、小庵を結んでいたが、寛文年中、四代藩主松平光通の御局《おつぼね》長光院の帰依を受けて再建し、大安寺黙印《もくいん》和尚をして兼帯せしめ、この時、臨済宗妙心寺末となった。寺地山林三石余の他に、寛文十三年（一六七三）寺領二十石が寄進された。その後、寺領が没収されたため、再び衰微し、明治以後、大安寺に併合された。丹羽氏・柴田氏・松平氏関係の文書も同寺に移っている。

なお、弘祥寺跡は前面に日野川をひかえた眺望絶佳の金屋地籍の小高い山麓にある。現在、寺地はほとんど田地となっているが、近くに弘祥寺と関係の深い石仏や局墓（俗にうばの墓と云う）・甘露水《かんろすい》などがあるに過ぎない。

V　戦国村一乗谷

1　史蹟公園戦国村

越前一乗谷は、福井市から東南へ約十キロ離れた小さな谷合いである。足羽川へ注ぐ一乗谷川に沿って山村とも農村ともつかない小さな部落がいくつか谷間に点在する。今から約五百年を遡《さかのぼ》る戦国時代、約百余年間栄えた朝倉氏の居館は、実はこの小さな谷合いにあった。

しかし現在はもう、ここがかつて小京都と呼ばれ、武家屋敷や寺院やそして町屋が甍《いらか》を並べた越前一国の政治的中心であったとは到底考えられないほど静かなたたずまいに戻っている。春や夏のしみ入るような緑、秋の紅葉、そして深く沈んだような冬景色など、都会に生活する人々には既に忘れられた自然がここにはまだそのまま残っている。

この地が全国的に脚光を浴びるようになったのは、昭和四十六年七月〝史蹟公園、戦国村〟として国の特別史跡に格上げ指定を受け、その後発掘によって朝倉時代の遺構が次々と日の目を見るようになってからのことであった。

一乗谷を流れる一乗谷川の下流部の、とくに山麓の相迫る部分を、上下の両城戸によって閉め切られた南北約二キロに及ぶ地域を通称〝城戸内《きどのうち》〟と称し、近世城下町における郭内にも相当する城下の核心部である。この中央東側山麓に朝倉氏代々の居館の跡があり、その背後の一乗山頂（四五〇メートル）一帯に城址が現存する。西方前面には広大な福井平野を一望に見渡すことができ、東方背面は大野方面に続く山岳が重畳《ちょうじょう》としている好適の山城となっている。

天正元年（一五七三）八月、朝倉氏が滅亡して、一乗谷は焼き払われたが、その後間もなく廃虚跡に農民が住みついて焼け跡を開拓し、田畑とした。しかし、土塁や濠《ほり》・石垣・礎石などはその大部分を露出させたままとなり、その遺跡の様子が江戸時代の地誌類にも記録されてきた。明治以後、日本歴史の科学的研究が進み、史跡に対する関心が高まると、一乗谷の中の義景館跡・諏訪館跡・南陽寺跡及び安波賀地籍の西山光照寺跡が、昭和五年七月、「史跡および名勝一乗谷朝倉氏館跡附南陽寺跡」並びに「西山光照寺跡」として国の史跡に指定された。その後、昭和四十二年十二月、さらに南陽寺跡の一部と英林塚（朝倉孝景墓）・山城跡・上下両城戸《きど》の部分が追加指定を受け、名称も史跡と名勝に分離されて「一乗谷朝倉氏遺跡附南陽寺跡」と「一乗谷朝倉氏館跡庭園附南陽寺跡庭園」とになった。

昭和四十五年一乗谷の農業構造改善事業が進められて、指定地以外の朝倉遺跡が破壊寸前となったので、文化庁・福井県教育委員会と地元との話し合いが重ねられた結果、翌年、従来の七・二ヘクタールから一挙に二七八ヘクタールの広大な区域が「特別史跡一乗谷朝倉氏遺跡」として指定され、その大部分が福井市によって一括買収された。そして現在は俗称ではあるが、「一乗谷戦国村」として全国的に脚光を浴びるようになったのである。

このような史跡指定の経過と併行して、遺跡の発掘調査も行なわれた。まず昭和四十二年旧足羽町（現在福井市）が文化庁の指導のもとに湯殿跡・南陽寺跡・諏訪館跡に残る三庭園の発掘を行ない、復元に成功した。さらに昭和四十三年から奈良国立文化財研究所を中心に、朝倉義景館跡の発掘調査が始まり、五ヵ年を費やして昭和四十八年その大部分の発掘復元が完了した。その間、昭和四十七年福井県教育庁朝倉氏遺跡調査研究所が発足して、同所がこの発掘調査を引き継ぎ、義景館跡の他、侍屋敷跡や寺院跡など重要な所から重点的な発掘調査復元を行なってきた。この結果、貴重な遺構や遺物が続々と発見されて、今後の戦国時代の解明に重要な資料を提供しつつある。〔補注〕

さて、このような発掘調査の結果を踏まえながら、一乗城跡や朝倉義景館跡を始め、一乗谷内の遺跡を中心に戦国大名の城館と城下町の遺構を眺めてみたい。

2　一乗城跡

天正元年（一五七三）八月、刀禰《とね》坂の合戦に大敗北を喫した義景は、一旦一乗谷に帰還したが、一族、朝倉景鏡の勧めによって大野に落ち延びた後、一乗谷は、すべて焼き払われた。従って一乗城も実戦には一度も活用されずに廃虚と化してしまったのである。『越前国城跡考』に「一乗谷城跡」を次の如く記録している。

城戸内村ヨリ城台迄三十町余巽方ニ当城台　東西十七間計　南北十三間計　外ニ
十九間ニ四間計高一丈三尺計　土台一ヶ所
十七間ニ四間計高貳丈計　土台一ヶ所
十八間ニ四間計高貳丈計　土台一ヶ所
右城台ヨリ巽方ニ在
三十三間ニ十貳間計高四丈計　土台一ヶ所
六間ニ七間計高三丈計　土台一ヶ所
三間ニ六間計　土台一ヶ所
三間ニ四間計　土台一ヶ所
右城台ヨリ戌方ニ在

現在、城山への登山道は阿波賀より峰伝いが最適とされているが、当時は朝倉居館南隣の〝中央馬出し〟と称する所からであった。その南方二〇〇メートルの地に小規模ながら堀切り、空堀を備えた小城址があって、一乗山城に対する補助的な城砦と考えられる。さらに、城山への登り道の中腹には小見放櫓跡があり、その前面に武士の詰所と思われる建物の礎石や空堀がある。小城址より北方二〇〇メートルの地点が城山への重要な登り口の〝馬出し〟である。両側に石垣を積んだ幅五メートルの道を登れば、左に一躰《いっく》の石仏、弁財天がある。さらに登り詰め、尾根伝いに紆余曲折すると城台近く大手に至る。建物趾二ヵ所あり、その一段高い場所が調練所であり、その南片隅に不動の清水がある。さらに九メートル余の高所は地名も千畳敷、面積は長さ一〇〇メートル、幅五〇メートルで、その中央西よりに礎石十七個が現存して五間に八間余の建物趾が推定される。この地続きに一部を土塁にめぐらされた観音屋敷がある。

朝倉氏の氏神であった赤渕明神社趾は観音屋敷趾上方三メートルにあって周囲六七メートルの正方形でその中央に礎石が三個現存し、やや破損した丸形の鬼石もある。

これらの地域からさらに登り詰めた所に本丸趾がある。各山嶺を占めて北から南へ本丸（四五〇メートル）、二の丸（四七〇メートル）、三の丸（四八〇メートル）と配列し、それぞれを隔てて堀切り、空堀をはじめ無数の伏兵地のあったことが知られる。

山腹から城山にかけて数ヵ所の櫓趾が発見されている。すなわち、小見放櫓跡・千畳敷の櫓跡、千畳敷西南方にある月見櫓跡、二の丸西方の尾根の通称松尾と呼ばれる所にある櫓跡、朝倉館西方三〇〇メートルの地にある月見櫓跡、赤渕神社跡北東にある櫓跡などである。これには小規模ながら建物も配置されてあったのだろうが、近世城郭に見られるような石垣築城はほとんど行なわれず、大部分が土塁による中世城郭であった。

一乗山に相対する御立山連峰にも城砦の跡が存在する。通称鉢伏山（二四四メートル）には櫓跡三ヵ所、また周辺に幅二〜六メートルの空堀四条が現存し、鉢伏南方の峰には幅二〜五メートルの堀切り十二条、伏兵地一ヵ所、砦六ヵ所、竪堀二条あり、鉢伏北方の急勾配の峰続きには幅三〜四メートルの堀切り三条、五メートル四方の砦三基、下って鳥越の堀切りは幅一五メートル、長さ二〇メートルに及び、これより北方の平坦《たん》な峰続きには、小は三メートル四方、大は一〇メートル四方に及ぶ砦六基、幅三メートルの堀切り七条、続いて約七〇メートルを隔てた尾根には砦五基、堀切り六条が現存し、これらの御立山砦の総延長は約三・五キロに及ぶと報告されている。なお、この城跡を中心とした地域はまだ発掘調査されていない。

3 朝倉義景館跡

城戸内の中央の東側、すなわち一乗城の山麓にほぼ西面して義景館跡がある。英林孝景以来、氏景・貞景・孝景・義景と五代の国主の居館が、この一乗谷城内に在ったことは事実だが、現在の朝倉氏館跡が必ずしも孝景以来歴代の館跡だと云う根拠はない。しかしながら、少なくとも、最後の国主、義景の日常の居館であったことだけは当時の史料や遺構から確認される。従ってここで義景館跡と限定したのはこのためである。

館跡は東西・南北それぞれ約八〇メートルで南・西・北の三方を高さ一～四メートルの土塁で囲み、その外側に幅五メートル程の濠《ほり》をめぐらしていた。西土塁の中央やや北寄りに、後世作られた唐門《からもん》があり、これが館の正門であった。昭和四十三年、この館跡にあった松雲院（曹洞宗、心月寺末）を取り払って、館内六六〇〇平方メートルの地域の発掘が始められ、昭和四十七年に完結した。この発掘調査の結果は奈良文化財研究所の牛川喜幸氏（『月刊文化財』昭和四十七年十月号）及び朝倉氏遺跡調査研究所長の河原純之氏（『月刊文化財』昭和四十九年一月号）の両氏によって報告されている。以下、両氏の報告書をよりどころとして義景館跡の調査概要を述べてみたい。

発掘された礎石から主要建物は十六棟が検出され、一部の棟瓦以外は一片の瓦片も発見されていないところから、屋根はすべて板葺か檜皮葺《ひわだぶき》であったらしい。これらの建物の造営時期は、前後二回あり、前期（館内の西半部にある六棟）の造営年代は義景の家督を継いだ天文十七年（一五四八）前後、後期（館内東北部の十棟）のそれは足利義昭が一乗谷を訪れた永禄十年（一五六七）頃であろうと推定される。このことは館内建物の全面的な改修が行なわれたことを意味するのではなく、拡張建増と考えるべきであろう。建築遺構で最大のものは、東西十一間、南北七間で、工芸的にも優れた茶器・花器・金属器などが出土したことから主殿《しゅでん》に比定される。この南に張出した小建物は、井戸と併わせて茶会用建物であろう。しかし八畳余りの広さから、むしろ茶室と云うよりは書院の系譜をひいたものであったらしい。この南側に新しく庭園が発見された。背後の山から導水した池には色鮮やかな玉砂《じゃ》利《り》が敷いてあった。主殿と相対して西側にこれに次ぐ建物があり、会所《かいしょ》（政治向きの建物）と思われる。この両建物に挟まれて珍しく花壇跡が発見された。

以上のように、主殿・会所など公式行事に使用された表向きの建物群に対して、館の東北部山麓よりに雑舎群がある。内部構造や周辺の出土品から建物は湯殿・蔵・台所・厩舎《きゅうしゃ》などのいわゆる裏向きの場と考えられる。三方を取り囲む土塁には、唐門のある西の門、すなわち正門の外、新しく北の門と南の門（中の門か）が発見された。北の門は四脚門であったが、南の門は掘立柱の棟門であった。土塁の内側は野面積《のづらづみ》の石垣が築かれており、三基の階段も発見された。土塁の西南隅は一段と高くなっていて櫓の存在が予想される。

義景館の裏を少し登った所に、湯殿跡庭園がある。発掘調査の結果、他の二庭園（南陽寺跡・諏訪館跡庭園）と比較して、もっとも古い時代の遺構を示す庭園として貴重だが、その空堀に面した側面から我が国最古と見られる割石による築造石垣も発見された。

館内から出土した遺物は、木札・木製品・金属器・ガラス製品・土器類・石製品など多数にのぼり、これらの遺物は館内のほぼ全域から出土したが、主殿の北側、東側で多量の土器類が発見されている。さらに主殿の東側の井戸の底には一括投棄されたと考えられる木札、銅製の鍵、鉄釜、施釉の陶器類が検出されている。遺物のなかでは土師器《はじき》の皿類の出土量が圧倒的に多いが、ほかに茶に関係する遺物が多いことも注目される。

義景館跡の北外濠のうち、暗渠《あんきょ》出口周辺部を約二〇メートルほど発掘したところ、大量の遺物が出土した。出土した遺物は、青白磁・施釉陶器・土師質灯明皿などの土器類、木札・将棋駒・柿経《こけらぎょう》・人形《ひとがた》・木櫛・漆器・曲物《まげもの》などの木製品、大刀・小柄《こつか》・鍔《つば》・銅銭・毛抜きなどの金属製品、硯《すずり》・火炉などの石製品、果実の種子・獣骨・魚骨・貝殻などの自然遺物というように多種多様にわたっている。中でも、九十八枚も出土した将棋の駒は、現存する駒の中で我が国最古のものであって、戦国末期の将棋史に貴重な資料を提供したと云えよう。

この義景館近傍には朝倉家所縁の館や公衙《こうが》が集まっている。朝倉居館南隣に中御殿跡、新御殿跡があり、土塁と空堀跡が存する。中御殿は義景の実母二位尼高徳院の居館だと伝える。これより南方に義景の北の方小少将のため新築した諏訪館跡がある。豪荘な庭園は現在もその面影を伝え、とくに高さ四メートルの巨岩「諏訪《すわ》の立石《たていし》」は小少将のために美濃から引き移したという伝説がある。朝倉居館東北方には南陽寺跡がある。ここは義景が将軍義昭を招いて糸桜花下で酒宴歌会を催した遊楽の地で、現在もなお、庭石を存する。このほか、柳馬場、犬馬場、木蔵、瓜割清水等も近傍に残る。

4　城戸内の居館跡と遺跡

一乗谷川を挟んで、義景館と相対する西側山麓一帯や、上城戸・下城戸付近には朝倉家臣の居館跡が集中している。江戸時代末期に作成された『一乗谷絵図』には次のような居館跡名を記載している。

小林権之頭・青木隼人正・河合安芸守・朝倉角三吾・鰐淵将監・平井・市原・斎藤兵部大輔・山崎長門守・福岡三郎右衛門・堀江石見守・臼井兵部丞・朝倉式部大輔・朝倉掃部助・朝倉中務大輔・魚住出雲守・光林坊（佐々）・朝倉斉兵衛・朝倉権之頭・朝倉兵庫・朝倉右衛佐・三田崎備中守・前波九郎兵衛

これらを明治九年の「城戸内村地籍図」に復原してみると、〝地字名〟や〝通称〟および地割遺構から居館跡の大部分が確認される。また現在に伝承される「八地《やち》千軒」「道福《どうふく》千軒」の呼称はおそらく朝倉家直属の足軽、雑兵の居住地を意味するものと思われる。

一乗谷の発掘調査は、義景館跡とその近辺を中心とした地域の発掘から、さらにこれに対応する武家屋敷や寺院跡にも発掘調査の手が延びて、近年その成果が発表された。これによると、川に平行してほぼ南北に直線状の幅四・五メートルの幹道があらわれ、両側には石造の排水路もあった。そしてこれに沿って間口約三〇メートルの上級武家屋敷が整然と配置されていた。また〝サイゴージ〟と通称される地域を発掘した結果、やはり通称どおり寺跡であることが確認された。この寺は武家屋敷と同じく約三〇メートルの幅をもち、土塁で囲まれている。内部は南北溝で東西に二分され、西方は三間四面の堂、東方は庫裡《くり》と思われる雑舎群である。この他、昭和五十一年度には「瓢町（ふくべまち）」や「八地《やち》谷」の一部、「出雲谷」などの発掘調査が行なわれたが、ここではあまり期待したほどの成果は現われなかった。

城戸内を仕切る両城戸は現在その一部を残すのみであるが、昭和八年の調査（『史蹟調査報告書』）では上城戸《かみきど》幅一二・六メートル、高さ約四・五メートルの土塁が約五〇メートル残存し、椚《くぬぎ》門の跡には少々の石塁も残しており、下城戸《しもきど》は幅一八メートル、長さ二九メートルの残存土塁となっており、巨岩をもって築いた桝形《ますがた》（くい違いの出入口）が現在でも残っている。

5　城戸外の居館跡と遺跡

下城戸外の主な館跡としては三ヵ所が数えられるが、この他安波賀《あわが》中島の中央、西方山麓にある西山光照寺跡は一乗谷における寺院跡中最大のもので、昭和五年史跡に指定された。寺院は慶長年中、北庄に移転し福井市内に現存する。寺跡の一部は耕田に、大部分は畑地と草地に変わっているが、面積は田畑約五〇アール、山林一〇〇アールに及び、室町時代後期の永正・大永・天文の年号を有する五輪塔、石仏が散在する。

上城戸外の居館跡としては、東新町地籍に六ヵ所、浄教寺地籍に二ヵ所見られる。この中、東新町の寺跡及び居館跡の主要なものとしては安養寺跡、御所跡、斎藤屋敷跡がある。

安養寺跡は浄土宗の寺院安養寺のあった所で、朝倉氏滅亡後、天正三年に北庄城下へ移り現存する。

この北に接して御所跡がある。永禄九年（一五六六）足利義昭を迎え、安養寺内に新しく邸宅を造営したのがこれである。近年この一帯から当時の遺品遺物が数多く発見されて、大きな話題となった。斎藤屋敷は美濃国の守護、斎藤美濃守竜興の屋敷跡と伝えられる。永禄十年織田信長に追放された竜興の行方については従来不明であったが、『朝倉始末記』の記述によって、天正元年（一五七三）刀禰坂の合戦で戦死している。

西新町には朝倉家の菩提寺である心月寺の寺跡や、剣術で有名な富田勢源《とだせいげん》の道場跡と伝えられる所がある。また〝浅井殿〟〝浅井前〟と云う字名の所がある。ここは朝倉氏と盟友であった北近江の浅井長政の一乗谷における屋敷跡だと伝えられている。

6　一乗谷の石仏

朝倉遺跡の一つの大きな特色は、谷の内外の方々に散在する無数の石造遺物である。すなわち、石仏や五輪塔などの石塔である。その数は、三千とも五千とも云われ、寺跡や路傍や谷合いの山麓に、深い雪や夏草に埋もれながら長い風雨に耐えてきた。しかし、朝倉遺跡が脚光を浴びると同時に、これらの石仏にも関心が集まり、一時はこれを秘かに持ち去る者すら現われて、心ある人々の眉をひそめさせた。そこで朝倉遺跡調査研究所では、その実数を確かめるため、また散逸をふせぐためにも、正確な台帳を作成することを始め、これまでに一九五〇体を確認した。

石造遺物の種類としては、五輪塔と地蔵石仏が圧倒的に多く、他に宝篋《ほうきょう》印塔・板碑《ばんぴ》・阿弥陀如来・二尊石仏・如意輪観音《にょいりんかんのん》・聖観音《しょうかんのん》・菩薩型・不動などがある。材質はほとんどのものが凝灰岩で、作りは小型のものが多い。五輪塔は一石五輪塔が大半で、高さ八〇センチ、幅二〇センチ、奥行二〇センチ内外のものが多く、地蔵石仏では高さ六〇センチ、幅三〇センチ、厚さ一〇センチ内外のものが多い。

一九五〇体のうち、紀年銘のあるものが、六二三体（一石五輪塔三七二体、石仏二五一体）あり、その中で最も古いのは文明十一年（一四七九）、最も新しいのは文禄五年（一五九六）で、これらの石造遺物のほとんどが、朝倉氏が一乗谷を中心に繁栄した文明年間（一四六九〜）から天正元年（一五七三）の間に造られたものであることがわかる。

年号順に石造遺物を並べてみると、一石五輪塔は、永正まで、多少の変動はあるにしても、ほぼ同数で続くのに対し、石仏の場合は、天文以前は数例しかなかったのが、天文年間に入ると激増するという対比が認められる。これは一石五輪塔が墓塔として用いられたのに対し、石仏はむしろ追善供養のために造立された違いを示すものであろう。それでは追善供養とは一体誰のための追善供養であったのだろうか。勿論、親子兄弟などの肉親のためのものも多いであろうが、中には戒名も俗名もまた紀年名もない石仏も多い。これは恐らく合戦で殺した敵方の死者の冥福を祈るための鎮魂碑ではなかったかとも云われている。

石仏群として著名な所は、上城戸外の西新町盛源寺（天台宗）と下城戸外の安波賀西山光照寺（天台宗）寺跡であろう。両者共に、何回となく新聞やテレビに報道され、またその美しさを伝える石仏写真集によっても紹介され、全国的にも有名になった。特に盛源寺は〝地蔵への道〟とも呼ばれ、盛源寺へ登る山道の右脇に多くの石仏が集められている。この石仏群に混って、その中に、高さ一八メートル、幅一・五メートル、厚さ八〇センチの安山岩の岩塊があり、平坦面に梵字《ぼんじ》の種子と銘文が彫られている。銘は、

永禄六年十一月十五日

願主　興伝上人

施主　田房十郎左衛門尉

光利真存沙弥

とある。興伝上人については、不明であるが、施主の田房十郎左衛門尉は、『朝倉始末記』天正元年八月刀禰坂の戦いの項に、朝倉方の武将として出てくる田房十郎左衛門秀勝と同一人物であろう。『朝倉始末記』の史実を確かめるための一例とも考えられる。盛源寺からは、このほかに盛舜《せいしゅん》上人の墓（一石五輪塔）も発見されている。盛舜上人は、石仏で有名な安波賀町所在の天台宗真盛派西山光照寺の中興の祖と伝えられる人物である。

〔補注〕

平成期に入ると、朝倉遺跡の一部に侍屋敷や町屋敷が復元建置され、街並みが復元された。左側は武家屋敷の長い土塀が走り、右側は小物を売る商人や染物屋の職人など庶民の町屋敷が並んでいて、真ん中を通る道路は石畳で、両側には水はけの細い水路が走っている。時によっては見学者も町人や侍の衣装が貸与されて街中を闊歩し、時代を体験することができる。

あとがき

ようやく本書を書き終えた今、果たして本書の刊行趣意に添い得たのだろうか、ただ大きな危惧だけが残る。「まえがき」でも述べたように、できるだけやさしい文体でと心掛けてはいたが、どうも思う通りにはいかなかった。ただ振り仮名だけは、十分に付して読み易くはしたつもりである。

月並みな言い方だが、一冊の本を書き上げるということは、やはり苦しいものである。しかも多くの方々の研究業績の恩恵を受け、そして私の今までの微力な研究成果を基礎にして、できるだけ新しい史観での朝倉史を書いたつもりではあるが、不満は免がれない。

しかし、発刊までにはいろいろな方からの励ましや御指導や御協力を得た。序文を戴いた小葉田先生をはじめ、本書の刊行につき格別のご配慮をいただいた福井県立図書館長鈴木哲雄氏、副館長藪野耕作氏・総務課長荒井忠夫氏・振興課長広部英一氏・同課司書井口昌保氏・奉仕課長舟沢茂樹氏をはじめ、県立図書館の方々、特に藪野氏からは懇切な校正指導をお受けした。また一乗谷発掘遺品の写真や貴重な復原図などの提供を受けた朝倉遺跡研究所の所長以下、所員の方々、その他古文書の写真を掲載させて戴いた寺社・旧家の方々、下書浄書を引き受けてくれた大原陵路・大久保圭市の両君らに厚く御礼を述べたい。

最後に本書を執筆する機会を与えて下さった福井県郷土誌懇談会の役員および会員の方々、また印刷に特別のお世話を頂いた創文堂印刷株式会社の古沢金次郎氏にも末筆ながら感謝の意を表したい。

昭和五十三年六月

松原信之

朝倉氏年表

将軍	朝倉	年号(西紀)	歴史事項
		建武 四(一三三七)	(3)朝倉広景・正景父子、但馬国から越前へ入国、一条家の代官として足羽北庄を預けられ、黒丸館に居館
		康永 元(一三四二)	朝倉正景、安居に弘祥寺を創建
		文和 元(一三五二)	(2)朝倉広景死す(九八歳)
		四(一三五五)	(3)朝倉正景が京都東寺の戦で足利直冬の軍勢を破る
		延文 二(一三五七)	(12)正景が足羽北庄の預所職を宛行われる
		貞治 元(一三六二)	正景が河口庄大口郷公文職を横領して興福寺から訴えられる
		五(一三六六)	(11)正景が斯波誅伐の勲功として越前国内に七ヵ所の地頭職が宛行われた
		六(一三六七)	(7)守護斯波高経死す (9)幕府、正景が大野郡泉荘・小山荘を濫妨すること停止させる
		応安 五(一三七二)	(5)朝倉正景死す(五九歳)
		応永一一(一四〇四)	(12)朝倉氏景死す(六六歳)
		一七(一四一〇)	(5)守護斯波義将死す
		二五(一四一八)	(8)守護斯波義教(義重)死す(四八歳)
		応永二七(一四二〇)	(8)守護代甲斐将教(祐徳)死す。甲斐将久(常治)が守護代を継承する
		永享 五(一四三三)	(12)守護斯波義淳死す(三七歳)
		八(一四三六)	(9)守護斯波義郷死す。その子千代徳丸が二歳で家督を継ぎ、後に元服して義健とな

(注)( )内の数字は"月"を表わす。南北朝時代の年号は、北朝の年号とした。

足利義教　足利義政

朝倉教景　朝倉孝景

	る
永享九（一四三七）	(正)朝倉教景の大和出陣
一一（一四三九）	(2)教景の鎌倉出陣（永享の乱）。教景時代に一乗城築城か
文安三（一四四六）	(8)朝倉家景、北庄神明社を再興する
宝徳二（一四五〇）	(12)朝倉家景（教景・為景）死す（四九歳）
享徳元（一四五二）	(9)守護斯波義健死す。支族の斯波義敏が守護となる
長禄元（一四五七）	(11)斯波義敏と甲斐将久との対立。義敏敗訴となる
二（一四五八）	(7)斯波方と甲斐方とが越前において合戦　(8)斯波方の堀江石見守が優勢となる　(10)甲斐将久越前へ下国　(11)朝倉孝景も越前へ下国
三（一四五九）	(2)幕命により相国寺蔭凉軒真蘂が両者の和睦調停のため敦賀郡疋壇に下向。調停不成功。甲斐方優勢となる　(5)斯波義敏が幕命による鎌倉出陣の軍勢を急に越前へ向け甲斐方の敦賀城を攻めてかえって敗北する。このため将軍足利義政は幕命に背いた義敏を隠居させる。義敏は西国に下り大内氏に身を寄せる。義敏の子松王丸が守護となる　(6)朝倉孝景越前北庄に下着　(8)守護方堀江氏と守護代方甲斐氏・朝倉氏との決戦行なわれる（長禄合戦）。守護代方の勝利。守護代甲斐将久急死
寛正二（一四六一）	(9)松王丸が退けられ、支族の斯波義廉が守護となる　(10)大乗院が河口庄・坪江庄の反銭請負を朝倉に命ずる。これに百姓が強硬に反対する
四（一四六三）	(7)朝倉教景（孝景の祖父）死す（八四歳）
五（一四六四）	(正)守護代職が甲斐敏光からその子千菊丸（後に信久）に移譲される　(6)朝倉教景、孝景と改名する
六（一四六五）	(12)斯波義敏、罪をゆるされて帰洛する

将軍	朝倉氏	年	出来事
足利義政	朝倉孝景	文正元（一四六六）	(8)斯波義敏守護となる　(9)山名持豊のクーデター成功。義敏以下追放される。斯波義廉再び守護となる
		応仁元（一四六七）	(正)応仁の乱起る。朝倉孝景、西軍方の武将として大いに活躍する (5)東軍の斯波義敏が越前へ入国して朝倉党類を国外へ追い出す
		二（一四六八）	(10)朝倉孝景ら兄弟三人、越前へ入国
		文明三（一四七一）	(5)朝倉孝景、越前国守護の御内書を下附される（朝倉氏東軍帰属）
		四（一四七二）	(6)朝倉氏景越前へ下国　(8)鯖江・新庄合戦朝倉方勝利 (8)府中守護所（甲斐方）陥落
		文明五（一四七三）	(8)坂井郡光塚・蓮ヶ浦合戦
足利義尚		六（一四七四）	(正)南条郡杣山合戦　(5)吉田郡殿下・桶田口合戦 (閏5)敦賀天神ノ浜合戦。吉田郡波着寺・岡保合戦 (12)甲斐敏光、斯波義良と共に東軍へ帰属
		七（一四七五）	(2)大野郡犬山城夜討（朝倉と二宮との合戦）　(4)斯波義敏、大野土橋城へ入城　(7)斯波持種死す。井野部庄合戦（二宮兄弟を討取る）　(11)土橋城総攻撃。二宮党を国外へ追放
		九（一四七七）	(11)応仁の乱終る
		一一（一四七九）	(3)連歌師宗祇一乗谷を訪問　(8)一条兼良、一乗谷へ来て朝倉氏の歓待を受ける　(11)斯波義良・甲斐・二宮ら朝倉退治のため、越前へ入国、豊原寺に着陣
		一二（一四八〇）	(7)朝倉方の長崎城・金津城・兵庫城・新庄城など陥落。坂井郡本郷合戦。丹生郡清水山合戦　(8)朝倉方反撃、吉田郡芝原合戦
	氏景	一三（一四八一）	(7)朝倉孝景死す（五四歳）。氏景が家督を継承する
		一四（一四八二）	(9)朝倉方大勝利、斯波・甲斐を国外へ追放 (閏7)一乗谷大火災、多数の焼死者あり

将軍	当主	年代	事項
	朝倉	一五（一四八三）	(7)朝倉小太郎教景、兄の景総に殺される。景総後に京都へ逃れて元景と改名する
	朝倉	一六（一四八四）	(11)甲斐党の牢人加賀より越前に侵入、これを撃退する
	朝倉貞景	文明一八（一四八六）	(7)朝倉氏景死す（三八歳）。貞景が家督を継承する
	朝倉貞景	長享元（一四八七）	(8)将軍足利義尚の近江出陣　(10)朝倉景冬近江出陣 この年、斯波・朝倉との越前宗主権をめぐる訴訟が起る
	朝倉貞景	二（一四八八）	(12)訴訟一応落着。朝倉貞景の直奉公分公認される (2)朝倉景冬、足利義政の東山山荘へ仙洞御所の松を移植するのに、手伝普請をする (6)富樫政親が滅びて、加賀の本願寺領国化が成功する
足利義稙	朝倉貞景	延徳三（一四九一）	(正)朝倉経景死す（五四歳）　(8)将軍足利義材の近江出陣。斯波・朝倉両氏の訴訟再燃する
足利義稙	朝倉貞景	四（一四九二）	(4)斯波・朝倉との訴訟、朝倉方の勝訴
足利義稙	朝倉貞景	明応二（一四九三）	(4)細川政元のクーデターに際して朝倉光玖の被官、杉若・久原を両大将として入洛
足利義澄	朝倉貞景	三（一四九四）	(10)加賀一向一揆越前へ侵攻
足利義澄	朝倉貞景	四（一四九五）	(7)美濃舟田合戦の斎藤方救援のため、朝倉貞景・同宗滴北近江の柳瀬まで出陣　(9)朝倉景冬死す
足利義澄	朝倉貞景	五（一四九六）	(5)朝倉勢美濃へ出兵
足利義澄	朝倉貞景	七（一四九八）	(9)越中御所、足利義材一乗谷へ来る。翌年七月一乗谷を発して上洛の途につく
足利義澄	朝倉貞景	文亀三（一五〇三）	(4)朝倉景豊及び元景の謀叛が鎮定される
足利義澄	朝倉貞景	永正元（一五〇四）	(8)朝倉元景が加賀一向一揆と結んで越前北部へ侵入
足利義澄	朝倉貞景	三（一五〇六）	(7)加賀一向一揆勢約三〇万越前へ侵攻
足利義澄	朝倉貞景	四（一五〇七）	(8)本覚寺・超勝寺ら加賀より越前に侵攻
	朝倉貞景	九（一五一二）	(3)朝倉貞景死す（四〇歳）。孝景国主となる

将軍	当主	年号	年（西暦）	事項
足利義稙	朝倉孝景		一二（一五一五）	(7)連歌師宗長、一乗谷に来る
			一三（一五一六）	(6)朝倉孝景、将軍より白傘袋並氈鞍覆を免ぜらる
			一四（一五一七）	(8)若狭武田氏救援のため朝倉宗滴出陣し、丹後倉橋城を陥落させる
			一六（一五一九）	(8)美濃守護代斎藤利良、土岐政頼を擁して越前へ入り孝景を頼る (9)斎藤利良、朝倉景高の援軍により美濃へ還る
足利義晴		大永	五（一五二五）	(5)朝倉教景、浅井氏救援のため江州出兵
			七（一五二七）	(10)将軍足利義晴の要請で、朝倉教景・景紀父子、京都へ出陣 (11)京都泉乗寺合戦で奮戦する
		享禄	四（一五三一）	(5)加賀で大小一揆起る　(8)小一揆応援のため朝倉教景ら加賀へ兵を進める
		天文	四（一五三五）	(4)朝倉孝景、将軍より塗輿御免
			五（一五三六）	斎藤彦九郎に合力して美濃の斎藤道三を攻める。朝倉景高、大野郡穴馬へ出兵
			七（一五三八）	(4)朝倉孝景、将軍の御相伴衆に列せられる
			九（一五四〇）	朝倉勢、大野郡石徹白から美濃の郡上郡へ攻め込む (9)朝倉景高、将軍の怒りにふれて、出仕を停められる 当時、孝景と景高兄弟は不和であったため、孝景はこれを喜んで朝廷へ百貫文、将軍家へ五十貫文進献する
			一〇（一五四一）	(9)朝倉景高、本願寺証如に越前三郡を進上し、門徒になりたいと申し出る。証如これを拒絶
			一二（一五四三）	(4)朝倉景高、若狭から九州へ没落する
			一三（一五四四）	(9)朝倉教景、美濃へ出兵し、斎藤道三の稲葉山城下、井之口を放火する
			一七（一五四八）	(3)朝倉孝景急死（五六歳）。延景家督を継承
			一九（一五五〇）	(7)儒者清原宣賢、一乗谷に死す（七六歳）
			二一（一五五二）	(6)朝倉延景、義景と改称

将軍	当主	年	事項
足利義輝	朝倉義景	二四（一五五五）（弘治元）	(7)一向一揆攻撃のため、朝倉教景を大将として加賀へ出陣　(9)朝倉教景死す（七九歳）。朝倉景隆・景健を代将として加賀へ出陣させる
		永禄　四（一五六一）	(3)朝倉義景の愛妾、小宰相の局死す　(4)朝倉義景、坂井郡棗庄大窪の浜で犬追物を行う　(5)武田氏への合力勢として朝倉景紀若狭へ出兵。以後、同一二年まで若狭侵攻が続く
		五（一五六二）	(8)朝倉義景、大覚寺義俊を慰めるため阿波賀河原で曲水の宴を張る
		永禄　七（一五六四）	(9)朝倉景鏡・同景隆両大将として加賀へ出陣。続いて朝倉義景も出馬
		九（一五六六）	足利義秋、朝倉氏を頼って若狭から敦賀に移る
		一〇（一五六七）	(3)堀江氏の反乱　(10)足利義秋、一乗谷安養寺に移る (12)越前・加賀の和睦成立
足利義昭		一一（一五六八）	(3)南陽寺に足利義秋を招いて観桜の宴を張る　(4)足利義秋、征夷大将軍となり、元服して義昭と改名 (5)将軍義昭、朝倉義景屋形に御成り　(6)義景の嫡子、阿君七歳で毒殺（?）される (7)足利義昭、織田信長を頼って一乗谷より美濃へ移る　(9)織田信長、足利義昭を擁して上洛する
		元亀　元（一五七〇）	(4)織田信長の十万八千の軍勢が若狭を経て越前敦賀に侵入。天筒・鐘ヶ崎両城の落城。しかし北近江の浅井長政が信長に叛いたため信長勢撤兵　(5)越前勢二万余騎北近江へ進出し、さらに南近江の六角氏を攻める　(6)織田信長、浅井氏攻略のため、北近江へ三万の兵を進める。朝倉・浅井連合軍と姉川を挟んで合戦（姉川の合戦）　(9)本願寺一向宗の蜂起と呼応して朝倉・浅井連合軍、南近江の織田方堅田城を落城させ、さらに京都市中へ軍を進める。摂津に出陣していた信長は兵を返して近江坂本に着陣。朝倉・浅井連合軍比叡山に着陣。両軍対陣 (12)朝廷と将軍との調停によって織田方と朝倉方との和議成立。両軍撤兵

足利義昭	朝倉義景	元亀二（一五七一）	(8)織田信長の叡山焼討
		三（一五七二）	(5)織田信長の軍勢数万騎、浅井氏の小谷城を攻める。朝倉氏動かず。信長北近江を焼き、京都に入る　(7)織田信長、改めて浅井氏攻撃に出る。朝倉義景、兵を北近江へ進める。朝倉方武将の中で信長へ寝返る者が出る　(10)武田信玄、朝倉・本願寺らと結んで上洛の途につく。信長、徳川家康救援のため、兵を三河へ返す　(12)三方ヶ原合戦で武田方勝利
		天正元（一五七三）	(4)武田信玄死す　(7)織田信長、将軍足利義昭を追放（室町幕府の滅亡）。信長、直ちに浅井攻撃に出る。朝倉義景、浅井救援のため北近江へ出兵　(8)朝倉義景軍、敗走の途中、敦賀郡刀禰坂において大敗北。義景一乗谷へ帰還。義景、妻子と共に大野へ落ち延びる。八月二十日朝倉義景、一族の朝倉景鏡に襲われて大野六坊賢松寺で自刃し滅亡する

朝倉氏略系図

開化天皇皇子丹波彦座命
孝徳天皇皇子表米王
景行天皇

広景　越前朝倉祖、空海覚性

高景　初正景、遠江守、徳厳宗祐（宗賢）

氏景　美作守、大功勝勲（宗勲）
茂景　阿波賀氏祖
久景　向氏祖
弼景　三段崎氏祖

（氏景の子）
貞景　下野守
正景　東郷氏祖
景康　中嶋氏祖

（貞景の子）
教景　美作守、心月宗覚
頼景　北庄城主、遠江守 ―（中略）― 景行

（教景の子）
家景　教景、為景、固山宗堅
将景　鳥羽氏、豊後守、光照

（家景の子）
孝景　小太郎、（初教景カ）、敏景、教景、孫右衛門尉、弾正左衛門尉、越前国主、一乗城主
文明一三・七・二六没、五四歳、一乗寺殿英林宗雄

経景 与三右衛門尉、下野守、禅勇 延徳三・正・二六没、壮嶽廉勝
　景職 与三右衛門
　　景隆 右兵衛尉
　　　景健 安居城主
　祖心紹越 大徳寺真珠、酬恩庵主、越前深嶽寺開山 永正一六・四・一六没
与一
玉巌光玖 慈視院、大野郡代 明応三・正・五没
聖室宗麟 大孝寺
景冬 修理進、敦賀郡司、芳永宗弼 明応四・九・二〇没
　景豊 敦賀郡司、文亀三・四・三滅亡
勝蔵坊 久嶽紹良
定国宗楷侍者 聴竹軒

氏景 孫次郎、孫右衛門尉 文明一八・七・三没、三八歳、安国寺殿子春宗孝
　貞景 孫次郎、弾正左衛門尉 永正九・三・二五没、四〇歳、長陽院殿天沢宗清
　景宗 玄蕃助
　　景連 玄蕃助
　　　景胤 三郎
　　　景泰 七郎
景明 大光、孫次郎、次郎左衛門尉
景総 孫五郎、細川政元為被官、改元景 永正二・四・四没
時景 叔海性波、孫七郎、織田城主
教景 小太郎、以千宗勝 文明一五・七・一三、為兄景総生害

景儀 孫九郎、左衛門尉、栢庭宗悦
叔海一腹之舎弟、織田家督

教景 小太郎、太郎左衛門尉、敦賀郡司、宗滴、
昨雨軒、弘治元・九・八没、七九歳

＝景紀 実貞景子、孫九郎、
九郎左衛門尉、伊冊
元亀三・五・一没

景垙 永禄七・九・二没

道景 天正元・八・一三没

景恒 松林院応瑳、還俗、中務大輔
元亀二・九・二八没

孝景 孫次郎、弾正左衛門尉
天文一七・三・二二没、五六歳、性安寺殿大岫宗淳

善景 孫次郎、初延景、左衛門督
天正元・八・二〇没、四一歳、松雲院殿太珠宗光

阿君丸 早世

愛王丸 母小少将

女子 早世、母小宰相

女子 本願寺教如室

景高 大野郡代、孫八郎、右衛門大夫
天文九・九・二三没落

（?）

景鏡 孫八郎、式部大夫、討義景後改姓土橋
改名信鏡、天正二・四・一五没

景郡 小太郎

景紀 教景養子

道郷 彦四郎、波多家督

景延 孫十郎

女子 与三右衛門尉妻女

大成明玉 南陽寺

女子 鞍谷殿妻女

女子 土岐殿妻女

主要参考文献

福井県『福井県史』第一冊　大6
岐阜県『岐阜県史』通史編中世　昭44
石川県『石川県史』第一巻　昭2
滋賀県『滋賀県史』第二巻　昭3
兵庫県八鹿町『八鹿町史』上巻　昭46　兵庫県八鹿町
『朝倉家録』三冊　富山県立図書館蔵
『大乗院寺社雑事記』
『蔭凉軒日録』
『五山文学新集』
井上鋭夫『北国庄園史料』福井県立図書館・福井県郷土誌懇談会　昭和40
笠原一男・井上鋭夫『蓮如　一向一揆』（日本思想大系17）岩波書店　昭47
牧野信之助『越前若狭古文書選』三秀舎　昭8
米原正義『戦国武士と文芸の研究』桜楓社　昭51
佐藤進一『室町幕府守護制度の研究』上　東京大学出版会　昭42
重松明久『中世真宗思想の研究』吉川弘文館　昭48

重松明久『蓮如と越前一向一揆』（福井県郷土新書2）県図・県郷土誌懇談会　昭50
井上鋭夫『一向一揆の研究』吉川弘文館　昭43
桑田忠親『足利将軍列伝』秋田書店　昭50
永島福太郎『応仁の乱』至文堂　昭43
佐藤進一他二名『中世法制史料集』第三巻　岩波書店　昭40
石井進『中世武士団』（日本の歴史⑫）小学館　昭49
永原慶二『戦国の動乱』（日本の歴史⑭）小学館　昭50
発掘整備事業10周年記念展『特別史跡一乗谷朝倉氏遺跡』岡島美術記念館　昭51
朝倉遺跡調査研究所編『特別史跡一乗谷遺跡』Ⅰ～Ⅷ　福井県教育委員会
牛川喜幸「一乗谷朝倉氏遺跡」（月刊『文化財』）第一法規出版　昭47・10
河原純之「最近の一乗谷朝倉氏遺跡の調査」（月刊『文化財』）第一法規出版　昭49・1
小葉田淳「越前を中心とする甲斐・朝倉二氏勢力の消長」（『歴史地理』四九ノ二）昭2
小泉義博「斯波氏三代考」（『一乗谷史学』6）一乗谷研究会　昭49
〃「十五世紀の越前国守護代について」（『一乗谷史学』7）昭49
水藤真「戦国期越前の府中奉行」（『一乗谷史学』8）昭50
〃「朝倉貞景（天澤宗清）」（『一乗谷史学』9）昭50
〃「朝倉孝景（性安宗淳）」（『一乗谷史学』10）昭50
河村昭一「朝倉氏の敦賀郡支配について」（『若越郷土研究』20ノ1）県郷土誌懇談会

著者の朝倉関係著作および小論

『越前朝倉氏と心月寺』　心月寺　昭47
「一乗引越し寺社」（『若越郷土研究』7ノ6）県郷土誌懇談会
「朝倉孝景（英林居士）に関する研究—朝倉始末記・敏景十七ヵ条の考証を含めて—」（『福井県地域史研究』2）昭46
「朝倉領国支配の一考察」（『福井県地域史研究』3）昭47
「朝倉始末記の成立とその変遷」（『福井県地域史研究』4）昭49
「朝倉光玖と大野領—朝倉右衛門大夫景高と式部大輔景鏡の研究を含めて—」（『福井県地域史研究』5）昭50
「一乗城以前の朝倉氏について」（『福井県地域史研究』6）昭51
「朝倉孝景の戦国大名成長過程の研究」（『福井県地域史研究』7）昭52
「朝倉貞景と斯波義寛との越前国宗主権をめぐる抗争について」（『若越郷土研究』21ノ6）県郷土誌懇談会　昭51

復刊に当たっての増補

『越前朝倉氏の研究』三秀舎発行、吉川弘文館発売　平成20
『日本の名族』7朝倉氏　新人物往来社　平成元

『朝倉義景のすべて』（編著）新人物往来社　平成15
『越前朝倉一族』新人物往来社　平成8（新装版　平成18）
『戦国大名家臣団事典』西国編（朝倉氏）新人物往来社　昭和56
『戦国大名系譜人名事典』西国編（朝倉氏）新人物往来社　昭和61
『室町幕府守護職家事典』上巻（朝倉氏）新人物往来社　昭和63
『福井県史』通誌編2中世　福井県　平成6
『福井市史』通誌編1古代・中世　福井市　平成9
『朝日町史』通誌編　朝日町　平成14
『河合村誌』河合村　昭和55
『今立町誌』今立町　昭和56
『心のふるさと』（福井県東安居郷土誌）昭和62
『越廼村誌』越廼村　昭和63
『坂井町誌』坂井町　平成19
『日本城郭全集』6　人物往来社　昭和43
「南北朝内乱と越前朝倉氏の勃興―「朝倉家記」所収南北朝期文書の再検討」（『日本歴史』479）昭和63
「戦国大名朝倉氏官僚機構の一考察」（楠瀬勝『日本の前近代と北陸社会』）思文閣　平成元
「朝倉家臣、一老将の戦功書付について」（小川信先生古希記念『中世古文書の世界』）吉川弘文館　平成3
「細川氏被官、上原氏の没落と越前朝倉氏」（『戦国史研究』41）平成13

「朝倉氏雑録―朝倉景紀と川島庄光厳寺・鞍谷庄と鞍谷氏」(『福井県地域史研究』8)昭和53
「越前国志比庄と地頭波多野氏」(『福井県地域史研究』9)昭和57
「越前池田庄と池田氏」(『福井県地域史研究』10)平成元
「近衛家領の宇坂庄と朝倉氏の一乗谷」(『福井県地域史研究』11)平成12
「大徳寺塔頭庵領と朝倉景隆」(『福井県史研究』2)福井県史編さん室　昭和60
「朝倉氏女系譜」(『福井県史研究』12)福井県史編さん室　平成6
「「朝倉家十七か条」の成立とその背景」(『福井県史研究』14)福井県史編さん室　平成8
「国の特別史跡一乗谷出現の秘話」(『若越郷土研究』44ノ4)平成11
「朝倉氏菩提寺　心月寺文書伝来の軌跡について」(『若越郷土研究』47ノ2)平成14
「越前国国人衆の堀江氏から朝倉氏国衆へ」(『若越郷土研究』48ノ1)平成15
「朝倉氏による敦賀郡支配の変遷」上・下(『若越郷土研究』48ノ2、49ノ1)平成16
「戦国家訓『朝倉宗滴話記』の成立と分類解説」(『若越郷土研究』50ノ1)平成16
「朝倉氏戦国大名化の過程における「鞍谷殿」成立の意義」(『若越郷土研究』51ノ1)平成18

本書の原本は、一九七八年に福井県郷土誌懇談会より刊行されました。

著書略歴

一九三三年　福井市に生まれる
一九五七年　福井大学教育学部卒業
　福井県立高志高校教諭、同丸岡高校教諭、福井県史編さん室課長補佐、福井県立南養護学校長、丸岡図書館長を経て
現在　坂井市立丸岡図書館小葉田文庫名誉館長

〔主要著書〕『越前朝倉氏と心月寺』（安田書店出版部、一九七三年）、『越前朝倉一族』（新人物往来社、一九九六年）、『朝倉義景のすべて』（編著、新人物往来社、二〇〇三年）、『越前朝倉氏の研究』（吉川弘文館、二〇〇八年）

読みなおす日本史

朝倉氏と戦国村一乗谷

二〇一七年（平成二十九）二月一日　第一刷発行

著　者　松《まつ》原《ばら》信《のぶ》之《ゆき》
発行者　吉川道郎
発行所　株式会社　吉川弘文館
郵便番号一一三―〇〇三三
東京都文京区本郷七丁目二番八号
電話〇三―三八一三―九一五一〈代表〉
振替口座〇〇一〇〇―五―二四四
http://www.yoshikawa-k.co.jp/
組版＝株式会社キャップス
印刷＝藤原印刷株式会社
製本＝ナショナル製本協同組合
装幀＝渡邉雄哉

© Nobuyuki Matsubara 2017. Printed in Japan

ISBN978-4-642-06722-5

JCOPY 〈(社)出版者著作権管理機構 委託出版物〉
本書の無断複写は著作権法上での例外を除き禁じられています．複写される場合は，そのつど事前に，(社)出版者著作権管理機構（電話 03-3513-6969，FAX 03-3513-6979，e-mail: info@jcopy.or.jp）の許諾を得てください．

読みなおす日本史

刊行のことば

現代社会では、膨大な数の新刊図書が日々書店に並んでいます。昨今の電子書籍を含めますと、一人の読者が書名すら目にすることができないほどとなっています。ましてや、数年以前に刊行された本は書店の店頭に並ぶことも少なく、良書でありながらめぐり会うことのできない例は、日常的なことになっています。

人文書、とりわけ小社が専門とする歴史書におきましても、広く学界共通の財産として参照されるべきものとなっているにもかかわらず、その多くが現在では市場に出回らず入手、講読に時間と手間がかかるようになってしまっています。歴史の面白さを伝える図書を、読者の手元に届けることができないことは、歴史書出版の一翼を担う小社としても遺憾とするところです。

そこで、良書の発掘を通して、読者と図書をめぐる豊かな関係に寄与すべく、シリーズ「読みなおす日本史」を刊行いたします。本シリーズは、既刊の日本史関係書のなかから、研究の進展に今も寄与し続けているとともに、現在も広く読者に訴える力を有している良書を精選し順次定期的に刊行するものです。これらの知の文化遺産が、ゆるぎない視点からことの本質を説き続ける、確かな水先案内として迎えられることを切に願ってやみません。

二〇一二年四月

吉川弘文館

読みなおす日本史

飛　鳥　その古代史と風土　門脇禎二著　二五〇〇円

犬の日本史　人間とともに歩んだ一万年の物語　谷口研語著　二一〇〇円

鉄砲とその時代　三鬼清一郎著　二一〇〇円

苗字の歴史　豊田　武著　二一〇〇円

謙信と信玄　井上鋭夫著　二三〇〇円

環境先進国・江戸　鬼頭　宏著　二一〇〇円

料理の起源　中尾佐助著　二一〇〇円

暦の語る日本の歴史　内田正男著　二一〇〇円

漢字の社会史　東洋文明を支えた文字の三千年　阿辻哲次著　二一〇〇円

禅宗の歴史　今枝愛真著　二六〇〇円

江戸の刑罰　石井良助著　二一〇〇円

地震の社会史　安政大地震と民衆　北原糸子著　二八〇〇円

日本人の地獄と極楽　五来　重著　二一〇〇円

幕僚たちの真珠湾　波多野澄雄著　二二〇〇円

秀吉の手紙を読む　染谷光廣著　二一〇〇円

大本営　森松俊夫著　二二〇〇円

日本海軍史　外山三郎著　二一〇〇円

史書を読む　坂本太郎著　二一〇〇円

山名宗全と細川勝元　小川　信著　二二〇〇円

東郷平八郎　田中宏巳著　二四〇〇円

吉川弘文館

（価格は税別）

読みなおす日本史

- 昭和史をさぐる　伊藤　隆著　二四〇〇円
- 歴史的仮名遣い　その成立と特徴　築島　裕著　二二〇〇円
- 時計の社会史　角山　榮著　二二〇〇円
- 漢　方　中国医学の精華　石原　明著　二二〇〇円
- 墓と葬送の社会史　森　謙二著　二四〇〇円
- 悪　党　小泉宜右著　二二〇〇円
- 戦国武将と茶の湯　米原正義著　二二〇〇円
- 大佛勧進ものがたり　平岡定海著　二二〇〇円
- 大地震　古記録に学ぶ　宇佐美龍夫著　二二〇〇円
- 姓氏・家紋・花押　荻野三七彦著　二四〇〇円
- 安芸毛利一族　河合正治著　二四〇〇円
- 三くだり半と縁切寺　江戸の離婚を読みなおす　高木　侃著　二四〇〇円
- 太平記の世界　列島の内乱史　佐藤和彦著　二二〇〇円
- 白　隠　禅とその芸術　古田紹欽著　二二〇〇円
- 蒲生氏郷　今村義孝著　二二〇〇円
- 近世大坂の町と人　脇田　修著　二五〇〇円
- キリシタン大名　岡田章雄著　二二〇〇円
- ハンコの文化史　古代ギリシャから現代日本まで　新関欽哉著　二二〇〇円
- 内乱のなかの貴族　南北朝と「園太暦」の世界　林屋辰三郎著　二二〇〇円
- 出雲尼子一族　米原正義著　二二〇〇円

吉川弘文館
（価格は税別）

読みなおす日本史

- 富士山宝永大爆発　永原慶二著　二二〇〇円
- 比叡山と高野山　景山春樹著　二二〇〇円
- 日　蓮　殉教の如来使　田村芳朗著　二二〇〇円
- 伊達騒動と原田甲斐　小林清治著　二二〇〇円
- 地理から見た信長・秀吉・家康の戦略　足利健亮著　二二〇〇円
- 神々の系譜　日本神話の謎　松前　健著　二四〇〇円
- 古代日本と北の海みち　新野直吉著　二二〇〇円
- 白鳥になった皇子　古事記　直木孝次郎著　二二〇〇円
- 島国の原像　水野正好著　二四〇〇円
- 入道殿下の物語　大鏡　益田　宗著　二二〇〇円
- 中世京都と祇園祭　疫病と都市の生活　脇田晴子著　二二〇〇円
- 吉野の霧　太平記　桜井好朗著　二二〇〇円
- 日本海海戦の真実　野村　實著　二二〇〇円
- 古代の恋愛生活　万葉集の恋歌を読む　古橋信孝著　二四〇〇円
- 木曽義仲　下出積與著　二二〇〇円
- 足利義政と東山文化　河合正治著　二二〇〇円
- 僧兵盛衰記　渡辺守順著　二二〇〇円
- 朝倉氏と戦国村一乗谷　松原信之著　二二〇〇円
- 本居宣長　近世国学の成立　芳賀　登著　（続　刊）
- 角倉素庵　林屋辰三郎著　（続　刊）

吉川弘文館
（価格は税別）

読みなおす日本史

江戸の蔵書家たち　岡村敬二著　（続刊）

古地図からみた古代日本　土地制度と景観　金田章裕著　（続刊）

「うつわ」を食らう　日本人と食事の文化　神崎宣武著　（続刊）

江戸の親子　父親が子どもを育てた時代　太田素子著　（続刊）

吉川弘文館
（価格は税別）